志愿兴城

北京市大兴区"志愿之城"建设研究

ZHIYUAN XINGCHENG

BEIJINGSHI DAXINGQU ZHIYUAN ZHI CHENG

JIANSHE YANJIU

张晓红 苏超莉／著

人民出版社

大兴区志愿服务联合会召开第一次会员代表大会

2015年12月5日,大兴区"志愿新城"三年行动计划正式启动

志愿新城形象大使海报发布

2016年3月3日《大兴报》头版
刊登大兴志愿新城专刊

2016年世界月季洲际大会志愿服务现场

第28届北京大兴西瓜节志愿者合影

志愿服务经理人第一期培训班：团队建设现场

大兴区"志愿家庭"行动计划启动仪式

大兴区"邻里守望情,志愿中国情"志愿服务主题巡展活动

大兴区开展"文明交通我先行"主题志愿服务活动

大兴区第二十六届119消防宣传月活动暨"社区消防宣传大使在行动"启动仪式

中国志愿服务联合会调研大兴区志愿服务:参观高米店街道志愿服务协会,与志愿者合影留念

大兴供电公司共产党员服务队进校园传递安全用电知识

大兴区志愿者助阵"花绘北京·悦跑大兴"半程马拉松活动

2017年大兴区志愿服务品牌项目支持计划项目评审会

大兴区品牌志愿服务项目支持计划考察团赴渝交流学习

门头沟区赴大兴交流志愿服务工作:参观清源街道温馨家园

大兴区志愿者助力2018年文化科技卫生"三下乡"活动

大兴区疾控中心开展"送知识　保健康　防疾病　我先行"志愿宣传活动

黄村镇格林雅苑社区团支部组织"志愿服务暖格林,军民共建一家亲"志愿服务活动

"爱满京城——大兴雷锋在行动"暨2018年学雷锋主题日活动

大兴区举办"志愿城市管理,弘扬青岗风采"暨垃圾分类健步走活动

大兴区2018年应急志愿服务系列活动启动仪式顺利举办

大兴区召开文明旅游志愿服务项目对接会

大兴区召开通过志愿服务走进社区推动"五大青年行动"专项调研工作会

"首善花香·志愿大兴"2018年大兴区志愿服务发展论坛

大兴区召开2018年"邻里守望　情暖大兴"志愿服务潘月兰同志事迹宣传主题活动

大兴区志愿者参加2018年"孝满京城　德润人心"大兴重阳节主题活动

"志愿兴城　你我同行"2018年志愿大兴快闪活动

大兴区万名志愿者学雷锋　参与人居环境整治

"新国门·新青年"高校志愿服务助力大兴发展行动启动仪式暨团员进社区志愿服务培训会

大兴区发布"志愿兴城（2019—2021）"三年行动计划，并启动志愿服务助力行动

序

    党的十九大报告明确了志愿服务提高全社会文明程度的根本目标，明确了志愿服务推进制度化建设的重要任务，党的十九大的胜利召开标志着中国特色社会主义志愿服务进入了一个新的时代。2019年一开始，习近平同志在天津市和平区新兴街朝阳里社区称赞志愿者是为社会作出贡献的前行者、引领者，总书记直接为志愿者点赞，"你们所做的事业会载入史册"。他强调要更好发挥志愿服务在社会治理中的积极作用，进一步指明了中国特色志愿服务发展要坚持与建设社会主义现代化国家同行的根本方向；他强调志愿服务是社会文明进步的重要标志，是广大志愿者奉献爱心的重要渠道，进一步明确了中国特色志愿服务全面健康发展的基本内容和指向。

    党的十九大明确提出要打造共建共治共享的社会治理格局，提高社会治理社会化、法治化、智能化、专业化水平。城市建设不仅是一个国家社会发展的重要标志，也是国家社会治理现代化水平的集中表现。如何在通过经济体制创新促进城市发展、提升城市功能的同时，努力适应社会的多元需求，建设一个安全稳定、干净整洁、文明有序、和谐包容，市民群众有较高的安全感、满意度和获得感的现代城市,既是对城市管理者的新要求,也是对广大市民思想观念、生活方式等方面的新挑战。而从社会治理创新视野下看志愿服务,志愿服务不仅具有重要的经济发展功能,是一个社会福利经济水平的重要参与要素;具有重要的社会发展功能,是现代社会有效有序管理的重要手段;同时还具有重要的人的发展功能,志愿服务行为激发参与者的个体活力,使人在物质层面之上获得精神的提升,满足个体获得更加美好生活的需要。以北京大兴区为代表的"志愿之城"的建设和发展,就是全面发挥中国特色志愿服务社会功能,推动志愿服务制度化、常态化发展,扎根基层、群众欢迎的志愿服务好品牌。

本书以大兴区志愿"兴"城的建设为代表,从理论和实践两个角度对志愿"兴"城的建设过程进行梳理、提炼和总结。全篇从宏观角度探讨了志愿兴城的理论依据和现实依据,分析志愿兴城建设的重要性和必要性;以前期基础调查研究、社会动员机制建设、志愿服务平台建设为结构,梳理了大兴区志愿"兴"城建设的推进过程;围绕组织化动员体系、社会化参与体系、常态化发展体系和品牌化运作体系,以及加强顶层设计、构建全方位保障机制、创新资源整合机制等角度,总结了大兴区的志愿兴城建设运行模式,同时配以相应案例和评述。这是对在全国各地46个试点城市轰轰烈烈开展的"志愿之城"试点的实践总结,也是对"志愿之城"建设的理论思考。这本书的出版,不仅可以丰富新时代中国特色社会主义志愿服务实践和理论的宝库,而且对于在全国全面开展"志愿之城"建设具有重要的实践指导意义。

　　此书的出版，恰逢习近平总书记发表关于志愿服务重要谈话之际，相信对更好发挥志愿服务在社会治理中的积极作用，坚持与建设社会主义现代化国家同行的根本方向，实现志愿服务成为社会文明进步重要标志，成为广大志愿者奉献爱心重要渠道的建设目标，都会起到积极的作用。

　　让我们为"志愿新城"点赞，为所有用点滴的努力让国家更富强，让中国更美丽，让人们更幸福的志愿者点赞！

　　是为序。

中国志愿服务联合会研究会会长

中国青年政治学院教授

目　录

上　篇

第一章　志愿兴城的提出 ……………………………………… 3

　第一节　志愿兴城的理论依据 ………………………………… 3

　第二节　志愿兴城的现实依据 ……………………………… 19

第二章　志愿兴城的推进分析 ……………………………… 28

　第一节　深入开展基础调查研究 …………………………… 28

　第二节　建立社会资源动员机制 …………………………… 66

　第三节　搭建志愿服务全面推进平台 ……………………… 74

第三章　志愿兴城的体系构建 ……………………………… 78

　第一节　夯实组织基础，构建组织化动员体系 …………… 78

　第二节　壮大志愿者队伍，实现社会化参与体系 ………… 86

　第三节　围绕中心工作，促进常态化发展体系 …………… 95

　第四节　推进"双百"工程，培育品牌化运作体系 ……… 104

第四章 志愿兴城的核心推进 ……………………… 108

  第一节 加强志愿服务品牌项目建设顶层设计 ……… 108

  第二节 完善志愿服务品牌项目建设工作 ………… 114

  第三节 创新志愿服务品牌项目建设资源整合机制 ……… 120

下 篇

第五章 大兴区典型志愿服务社区案例 ………… 125

  第一节 用志愿凝聚力量　用大爱播撒希望——高米
店街道康隆园社区 ………… 125

  第二节 爱心服务解民忧——黄村镇格林雅苑社区 ……… 129

  第三节 邻里守望、有你有我——林校路街道车站中
里社区 ………… 132

  第四节 用爱心铸造社区服务——清源街道康馨园社区 … 135

  第五节 五"服"临门——荣华街道天华园三里社区 …… 138

  第六节 七彩服务全方位,便民生活零距离——兴丰
街道黄村中里社区 ………… 141

第六章 大兴区优秀志愿服务组织案例 ………… 145

  第一节 大兴区巨匠应急救援志愿服务中心 ………… 145

  第二节 大兴区控烟志愿服务队 ………… 147

第三节　大兴区企业志愿服务协会 ……………… 151

第四节　大兴区清源街道志愿服务协会 …………… 153

第五节　大兴区妇女儿童公益志愿服务队 ………… 156

第六节　大兴区天宫院泽众社会工作事务所 ……… 158

第七章　大兴区标杆志愿服务项目案例 ……………… 163

第一节　"红马甲"在行动——电力延伸服务项目 ……… 163

第二节　阳光技能 1+1 志愿服务项目 …………… 167

第三节　"宝妈就业营"全职妈妈赋能就业培训计划 …… 171

第四节　"欢迎回家"刑释人员社会融入志愿服务项目 … 174

第五节　科技星火筑梦未来志愿服务项目 ………… 179

第六节　大学生民防志愿者培训与社区志愿服务项目 …… 183

第八章　大兴区优秀志愿者案例 ……………………… 187

第一节　亢志伟——一心为民　一直在线 ………… 187

第二节　栗阳——争做绿色达人　律动美丽京城 …… 190

第三节　刘丽艳——爱心奉献　情暖大兴 ………… 193

第四节　孟祥贤——年过九旬不退岗　心系群众献余热 … 196

第五节　宋薛宣——让新时代雷锋精神永飘扬 ……… 199

第六节　王彬——不忘初心　奋勇前行　做青年创业

　　　　梦想的同路人 ……………………………… 202

结　语 ……………………………………………… 206

后　记 ……………………………………………… 214

主要参考文献 …………………………………… 219

附录：志愿兴城三年行动大事记 ……………………… 221

上 篇

第一章　志愿兴城的提出

志愿兴城，顾名思义，即志愿服务在一个城市走向繁荣兴旺的过程中发挥着不可或缺的作用。目前，志愿兴城已经成为我国城市发展的样本模式。自 2016 年起，中国志愿服务联合会将这类典型城市命名为"志愿之城"。北京市大兴区作为北京市最早被确定为"志愿之城"试点的区（县），其推进志愿服务具有鲜明的特色。要深入了解北京大兴"志愿之城"建设的特殊之处，首先有必要厘清其理论和现实意义。

第一节　志愿兴城的理论依据

分析志愿兴城的理论依据，必须要说明两个问题：其一，从志愿服务的视角来看，究竟是什么因素决定了志愿服务能够为一个地区的繁荣发展贡献力量？其二，从城市发展的角度来看，为什么新时代的社会建设离不开志愿服务？结合北京大兴"志愿之城"建设的具体情况，为了讲清楚这两个问题，以下两部分内容成为我们探讨的重点：其一是志愿服务品牌建设基本理论，主要是从志愿服务事业发展的视角来建构志愿兴城的实务逻辑；其二是社会建设基本理论，主要是从城市建设的视角来阐释志愿服务与社会建设的深层次联系。

一、志愿服务品牌建设基本理论

（一）志愿服务品牌

一般意义上的品牌是一种名称、标记、符号、图案或者这些要素的组合，它可以用来标识某一组织尤其是商业组织所提供的特定产品或者服务。① 从其内在价值来看，品牌是组织的核心资源，是组织信誉的载体，能够为组织提供的社会服务尤其是商业服务带来增值，能够使外界产生对本组织整体的、全面的、心理层面的价值认知与判断。品牌最早诞生在商业领域，志愿服务品牌是随着志愿服务事业的成熟发展而逐渐出现的。志愿服务品牌作为公益领域的品牌形式，是志愿服务组织设计的特色标识。根据《志愿服务条例》（中华人民共和国国务院令，第 685 号）的规定，志愿服务是指志愿者、志愿服务组织和其他组织自愿、无偿向社会或者他人提供的公益服务。因此，志愿服务品牌既包含宏观层面的志愿服务组织标识，也包含微观层面的志愿服务组织提供的特色公益服务。志愿服务品牌是品牌社会

① 王艳梅：《志愿服务品牌建设中的政府扶持研究》，上海师范大学，2013 年。

认可、品牌物质载体和品牌精神文化等要素的结合体（如图 1-1 所示）。志愿服务品牌社会认可构成志愿服务品牌的环境因素，主要是指志愿服务利益相关方（志愿服务对象、社会大众等）对该组织提供的志愿服务的认知度、信任度、美誉度、支持度和忠诚度；志愿服务品牌物质载体是指志愿服务品牌的实体部分和外显性要素，比如该组织提供的志愿服务的标识名称、活动类型、标识图案及颜色、志愿者服饰、志愿服务旗帜、徽章等；志愿服务品牌精神文化是指志愿服务品牌的内核精神要素，是该组织的服务宗旨、理念、文化、承诺等的综合性反映。

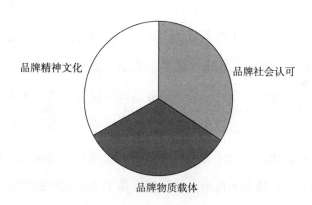

图 1-1　志愿服务品牌的构成要素

志愿服务品牌具有品牌的一般特征，诸如高识别性、象征性、领先性、时效性、易变性等，但与商业品牌相比又有着本质区别，主要体现在以下几个方面（如表 1-1 所示）：

表1-1 志愿服务品牌与商业品牌的区别

	志愿服务品牌	商业品牌
行为目的	以社会公益为宗旨	以经济利益为宗旨
价值取向	社会利益最大化	企业经济价值最大化
与其他同类品牌的关系	典型示范性	明显的排他性
传播方式	口碑、公益广告	口碑、商业广告
品牌价值	志愿服务组织知名度和影响力不断提高、志愿精神广泛传播、志愿者队伍不断壮大	商品或服务的高额附加值、企业知名度和影响力不断提高、经济利润增加、企业规模扩大

由此可以看出，区别于传统的商业品牌，志愿服务品牌最大的特点在于其以社会公益为价值目标，追求社会效益最大化。志愿服务组织通过提供特色的志愿服务来创建志愿服务品牌，以提升服务对象的满意度和志愿者的参与度。志愿服务品牌不仅代表着志愿服务组织的独特形象，还说明了志愿服务事业在人民群众中获得了正向的评价和一定程度的信任，体现了志愿服务组织的正规化、规模化、专业化和特色发展势头，这是志愿服务在我国取得了飞速发展的标志，是志愿服务事业进入新时代的表现。创建志愿服务品牌，提升志愿服务品牌的知名度，有利于促使志愿服务的常态化与制度化，促使志愿服务在全社会深入人心。目前，志愿服务组织越来越重视志愿服务品牌建设，越来越多的城市和地区在进行志愿服务规划时都将志愿服务品牌建设作为重点目标。志愿服务品牌建设在城市现代化建设中的作用越来越凸显，逐渐成为城市建设的亮点。

（二）志愿服务品牌项目

在打造"志愿之城"的过程中，志愿服务品牌建设是必经之路。志愿服务品牌是一个城市的名片，志愿服务品牌项目为城市的繁荣发展贡献了力量。

1. 志愿服务品牌项目的概念

在志愿服务领域，"品牌"一词常与"项目"同频出现，即志愿服务品牌通常以具体的志愿服务项目为载体。基于"项目"的核心概念，志愿服务项目代表了一种事本主义的组织或动员方式①，它从志愿服务本身的内在逻辑出发，在限定时间、资源的约束下，利用特定的组织形式来完成一种具有明确的预期公益目标的一次性任务。志愿服务项目的组织形式多为临时构建的，项目实施有明确的运行周期，志愿服务项目的实施主体也非固定不变。志愿服务品牌项目是"品牌"在公益领域的一种具体表现形式，是志愿服务组织以社会效益最大化为价值目标，通过整合内外部资源，以志愿服务项目为生长基础而培育发展起来的。与一般的志愿服务项目相比，志愿服务品牌项目主题鲜明、组织形式相对固定、服务对象相对集中、服务周期长、在当地群众中影响范围广、反响良好。通过志愿服务品牌项目建设，志愿服务组织可以更好地展示其服务优势，彰显其良好的知名度和美誉度，与政府、企业、社区和居民等相关社会群体形成良性互动，在社会中营造良好的志愿服务生态。

---

① 于君博、童辉：《项目制：一种新的国家治理模式的文献综述》，《南京农业大学学报》（社会科学版）2016 年第 3 期。

2. 志愿服务品牌项目的分类

志愿服务组织通过志愿服务品牌项目的策划及实施，使志愿服务真正普惠人民群众，切实做到想民所想、解民所忧，使志愿服务得到广大人民群众的认可和支持，得到党和政府的重视和赞许。志愿服务品牌项目的类型多种多样，在不同的视角下，其分类方式也不尽相同，本书主要从志愿服务内容、组织主体和服务区域三个角度对志愿服务品牌项目的类型进行归类。

（1）按照志愿服务内容进行划分，志愿服务品牌项目可分为：便民利民类品牌项目，主要提供家电维修、家政联络、信息咨询等服务；扶贫帮困类品牌项目，主要为下岗职工、残疾人、老年人、失学儿童、特殊困难家庭等弱势群体提供力所能及的帮扶；就业指导类品牌项目，主要提供技能培训、岗位推荐、维权援助等服务；治安维稳类品牌项目，主要开展义务巡逻、矛盾调解、法律咨询、青少年帮教等服务；卫生保健类品牌项目，为病人、残疾人、老年人进行健康检查、康复保健、卫生防疫、计划生育等服务；环境维护类品牌项目，主要提供环境保洁、绿化维护、家庭美化指导等服务；宣传教育类品牌项目，主要开展政策法规、科普知识、安全常识、健康知识宣传等服务；文体娱乐类品牌项目，主要提供文艺宣传、健身活动、戏剧票友、棋牌娱乐、书画摄影等服务；助农增收类品牌项目，主要为组织科技人员下乡送科技、送信息、送服务；心理咨询类品牌项目，主要对农民工、下岗失业人员、未安置大学毕业生等群体开展有针对性的心理辅导活动。

（2）按照志愿服务组织主体进行划分，志愿服务品牌项目可分为：一是"官方"组织设计的志愿服务品牌项目。"官方"组织是具有中国特色的志愿服务组织，志愿服务的主体是个人，但是组织志愿服务的主体是各级政府及各地方企事业单位。这类志愿服务品牌项目具有志愿者动员自上而下、志愿者动员范围广、志愿服务资源调动能力强等特点。二是民间组织设计的志愿服务品牌项目。由民间发育起来，以承担社会志愿服务为基本宗旨的正式登记注册的服务型志愿服务组织，它们发起的志愿服务品牌项目具有志愿者动员自下而上、志愿服务开展方式灵活等特点。

（3）按照志愿服务区域划分，志愿服务品牌项目可分为：面向全国开展的志愿服务品牌项目、地方性或者行业系统内志愿服务项目、在港澳台地区开展的志愿服务项目、国际项目。

二、社会建设基本理论

（一）共享发展理念与志愿服务

党的十八届五中全会以来，共享发展理念成为国内外关注的焦点之一。共享发展是一个全方位发展的概念，涉及社会各个领域。志愿服务作为社会建设领域的重要分支，其内在精神及价值倡导与共享发展理念高度一致，因此成为社会建设领域不可或缺的力量之一。

（1）志愿服务的公益性与共享发展理念的人民至上原则完全契合。共享发展理念的第一点便是要解决发展为了谁的问题。党的十九大报告明确指出："增进民生福祉是发展的根本目的。必须多谋民生之利、多解民生之忧，在发展中补齐民生短板、促进社会公平正义"，"保证全体人民在共建共享发展中有更多获得感"①。目前，中国特色社会主义进入新时代，我国社会主要矛盾已经转化为人民日益增长的美好生活需要和不平衡不充分的发展之间的矛盾。新时代的社会主要矛盾反映到民生建设领域，当前人民群众日益增长的美好生活需要与经济社会不协调发展、区域不均衡发展以及整体不充分发展的主要矛盾。因此，要把改革发展的成果更多、更公平地惠及人民群众的民生改善作为当前中国社会建设的主要任务②，以人民利益作为衡量是非善恶对错和检验工作成败的最高标准。这种人民利益至上的价值取向与志愿服务的公益性原则高度一致。在我国，社会公益基于人民群众需要而产生，本身就蕴含在人民利益之中。以人民利益为出发点，就要以社会公益为出发点；把人民利益放在首位，就得把社会公益放在首位。社会公益涉及范围非常广泛，其实现和维护无疑离不开社会各界的协同活动。其中，政府是主要推动力量。在社会主义国家，政府在促进社会发展进步中发挥的作用不可替代，但是，要实现社会治理，仅靠政府远远不够。社会领域的很多问题，如帮困扶弱、支教扫盲、社区建设、环境保护、抢险救灾、大型活动等，政府部门难以及时、有效、全面顾及。资本过度逐利的经济交易领域非但无益于社会治理难题的解决，反而容易拉大贫富差距、激化社会矛盾。志

---

① 习近平：《决胜全面建成小康社会　夺取新时代中国特色社会主义伟大胜利——在中国共产党第十九次全国代表大会上的报告》，《人民日报》2017 年 10 月 28 日。
② 韩喜平、孙贺：《共享发展理念的民生价值》，《红旗文稿》，2016 年第 2 期。

愿服务以解决此类社会治理难题为核心目标，是适应社会公益需要而产生的，公益至上是它的根本价值取向。此类"志愿服务的公益性强调志愿服务不是针对社会的某个特殊群体的利益，而是面向全社会公众共同的利益，所关注的是人们在生产生活中出现的个人难以解决的困难、问题和需要，并有针对性地开展工作。"①

（2）志愿服务与共享发展理念中的群众观点高度统一。理解共享发展理念，其次要解决发展依靠谁的问题。"整个世界历史不外是人通过人的劳动而诞生的过程。"② 共享发展理念强调一切依靠人民，人民在建设中国特色社会主义的过程中发挥着主体作用。没有人民主体性作用的发挥，共享发展就不可能实现。由此必然产生尊重人民主体性的伦理要求。这一要求在志愿服务领域主要体现为：其一，尊重人们参与志愿服务的自觉自愿性。志愿服务是指组织或个人利用自己的知识、技能、体能自愿无偿地服务他人和社会的公益活动，自觉自愿是其重要特征。人们参与志愿服务的动机不尽相同，但选择是否参与志愿服务则完全属于自觉自愿行为。也就是说，所有的志愿者自愿履行社会责任。有学者指出："志愿服务是志愿者参与社会生活的方式，可以是个人行为，也可以是集体行为。志愿精神的产生基于个人对社会和人类的爱心与责任感，而这种爱心与责任感又取决于个人的成长背景、教育和经验，也受到社会价值观的影响。所以，志愿服务

---

① 迟云：《社会的良心与善行——聚焦社会志愿服务》，山东教育出版社 2014 年版，第 56 页。

② 《马克思恩格斯文集》第 1 卷，人民出版社 2009 年版，第 196 页。

也是个人表达其对人类和社会爱心与责任感的一种方式。"① 特别是目前我国进入社会主义新时代，随着社会不断发展、公民意识不断增强及人民群众对志愿服务的本质和规律的认识不断深化，"志愿服务也日益转向追求个体兴趣爱好的满足、社会多元需求的满足，尤其注重参与者的自愿，充分尊重参与者的主体地位，进而调动了志愿者自身的积极性、主动性。志愿服务由'要我参加'转变为'我要参加'"②，这是对志愿者主体地位的充分肯定。二是维护志愿服务对象的尊严。人作为一种社会动物，"不仅是自由的而且也是独一无二的存在"。尊严是人的一种重要特质，是指人的主体地位和价值得到应有的尊重和认可。"它体现了一种核心的道德顾及，展示了人权的一个重要方面。"③ 尊重人的主体地位，就必须维护人的尊严，这在志愿服务领域首要体现在维护服务对象的尊严。在一定意义上可以说，志愿服务就是因维护人的尊严的需要而产生的，也必然以满足人的尊严的需求、保障和实现人的尊严权为归宿。志愿服务追求的最高目标是所有人都能有尊严地生活，其直接目标则是关注服务对象的价值和命运、维护志愿服务对象的尊严、帮助服务对象体面地度过困难。如果在志愿服务活动中没有以服务对象的尊严、权益为出发点，那么，志愿服务就失去了其存在的价值和意义。

（3）志愿服务与共享发展理念中的伦理关怀异曲同工。理解共

---

① 叶边、罗洁、丁元竹等：《中国志愿者：进步与差距》，《世界知识》2008年第14期。
② 刘孜勤：《雷锋精神与中国》，辽宁教育出版社2011年版，第177页。
③ 甘绍平：《人权伦理学》，中国发展出版社2009年版，第161页。

享发展理念，最后要解决发展成果由谁享有的问题。习近平总书记在党的十八届五中全会第二次全体会议上的讲话中强调指出："要按照人人参与、人人尽力、人人共享的要求，坚守底线、突出重点、完善制度、引导预期，注重机会公平，着力保障基本民生。"①共享，不是少数人共享，也不是部分人共享，而是人人享有、各得其所。②共享发展要着重解决的问题就是社会公平正义。共享发展的本质就在于使"生活在我们伟大祖国和伟大时代的中国人民，共同享有人生出彩的机会，共同享有梦想成真的机会，共同享有同祖国和时代一起成长与进步的机会"③。"桥的承载力是根据最不牢靠的桥墩加以测定的，社会的质量乃是根据最弱的社会成员的福利状况加以测定的。"④社会公平正义也应以对弱势群体的慈善救助和伦理关怀为标尺。从伦理关怀的视角审视共享发展，这就要求改革发展成果应在惠及全体人民的基础上向弱势群体倾斜。应当以民生建设为切入点，进行有效制度安排，通过各种渠道为弱势群体提供更全面的社会保障，为每个人的生存和发展提供必要条件。但是，扶贫济弱任务极其艰巨，制度保障和行政管理发挥的作用较为有限，要真正实现社会公平正义，还需要志愿服务等社会力量参与其中。在帮扶弱势群体、实现共同富裕、

---

① 《习近平谈治国理政》第二卷，外文出版社 2017 年版，第 79 页。
② 彭柏林：《共享伦理的基本要求及在志愿服务领域的体现》，《社会科学文摘》2017 年第 9 期。
③ 《习近平谈治国理政》第一卷，外文出版社 2018 年版，第 40 页。
④ 齐格蒙特·鲍曼：《现代性与矛盾性》，邵迎生译，商务印书馆 2003 年版，第 398 页。

推进社会公平正义的过程中，志愿服务具有独有的优势。作为一股自下而上的社会力量，志愿服务强调的是志愿者自觉自愿关爱弱势群体、奉献自己的时间、精力和技能去帮助弱势群体提高生活质量。若是社会弱势群体的基本生活问题解决不好，基本社会需要得不到满足，所谓共享发展便是一句空话。因此，必须大力弘扬志愿服务精神，发展志愿服务事业，充分激发志愿服务对弱势群体的伦理关怀功能。

（二）陌生人社会与志愿服务

我国社会曾长期呈现出熟人社会的特征，其历史大致包括传统的封建乡土社会、计划经济时期的农村社会和城市的单位社会。改革开放40年来，熟人社会逐渐向陌生人社会过渡，如今已见雏形。肇始于西方的志愿服务以社会义利观、集体道德原则为基本价值基础，以"奉献、友爱、互助、进步"的志愿精神作为德性伦理基础，以公民意识与公共精神作为责任伦理基础。正是如此，伴随着陌生人社会的到来，志愿服务事业在我国勃兴并日益成熟，无数志愿者纷纷"尽己所能，不计报酬，帮助他人，服务社会"（中国青年志愿者誓词）。

（1）陌生人社会的出现为志愿服务的生发提供了客观条件。陌生人社会伴随着社会改革的进程而到来。我国的改革是全方位的，随着改革的深入，社会分工细化，社会治理中的"组织真空"现象频发，这极大地增加了国家治理的难度；另外，从国家宏观控制系统中分离出来的社会性力量和逐渐发育起来的社会组织开始发挥作用，社会力量被逐渐激活。在这种背景下，治理结构本身不得不随之变革，这就从客观上为志愿组织的建立，为志愿服务的发展创造了条件。1993 年年底，团中央开始实施"青年志愿者行动"；1994 年中国青年志愿者协会成立；1994 年，国家民政部和中国社会工作者协会发布《关于进一步开展社区服务志愿者活动的通知》，社区志愿者和青年志愿者成为我国最大的两支志愿者队伍。这无疑标志着现代意义的志愿服务出现了。2008 年是中国志愿行动最为辉煌的一年，被称为"中国志愿服务元年"，标志着我国"全民参与志愿服务时代的来临"①。如今，志愿服务正朝着国际化、制度化、专业化的方向发展。

（2）陌生人社会中人们精神世界的变化，为志愿服务的发展提供了主观条件。社会成员的思想观念状态是经济社会发展现状及矛盾的集中反映。随着社会主义市场经济的发展，加上互联网络的催化，人们的思想观念也开始发生了巨大的变化。一方面，人们的利益诉求增强，民众价值观出现了务实化、功利化和多元化倾向。如南京大学在苏州、扬州和盐城的调查表明：关于当前人们思想的最大影响因素，大部分人选择了"自己的需要和利益"。在对于实现人生价值的标志问题上，不同群体之间也出现了不同的目标趋向。对于"您认为实现人生价值的标志是什么"的回答，"新兴阶层、弱势群体和农民都认为成功的人生主要是发财"（选此项的新兴阶层占 55%，弱势群体占 49%，农民占 50%）；63% 的知识分子和 59% 的公务员则更看重成名成家；71% 的企业家则选择了"升官"；60% 的中学生认为要

---

① 佘双好：《志愿服务概论》，武汉大学出版社 2013 年版，第 27 页。

"让家人过上好日子"。① 人们的价值判断标准也趋于多样化，更加倾向于从自身的经济利益出发来做出选择和判断，传统文化中的仁爱、互助、集体主义等价值观逐渐淡化，大众冷漠、逐利、互不关心等陌生人社会的常见现象明显增多。从另一角度来看，陌生人社会的道德缺失现象叩问人们心灵的同时，也在呼唤奉献、友爱、互助、进步的志愿服务精神。陌生人社会带来的人际关系疏离感需要志愿服务来化解。另一方面，市场经济的发展也使社会成员的自我意识逐步确立。尤其是随着生活条件的改善，人们不再为了生存而挣扎，开始关注自身更高层次的需求。不管是马克思的人的多重需要理论，还是马斯洛的需求层次理论，都说明人是有自我实现的需要的。志愿服务为陌生人社会中的社会交往搭建了平台，让人的社会性本质得以体现，让人的被需要、被尊重的精神需求得到了满足，人们在工作之余可以将志愿服务作为一种生活方式，借此寻找精神世界的寄托。可以说，志愿服务让人性的光辉得以闪现，使得人的性格更加完善、生活更加充实，是陌生人社会中志愿者的精神职业。

（三）城乡社区自治与志愿服务

现代意义的志愿服务在我国快速兴起，并逐渐被纳入社会治理与社区自治的序列。党的十九大报告明确提出，"加强社区治理体系建设，推动社会治理重心向基层下移，发挥社会组织作用，实现政府治理和社会

---

① 樊浩等：《中国意识形态报告——当前我国思想道德文化多元多样多变的特点和规律》，东南大学出版社 2009 年版，第 85 页。

调节、居民自治良性互动"①，这为志愿服务协同和参与社区治理指明了方向。引入志愿服务力量推动城乡社区自治的案例，近些年在全国范围内已不鲜见。比较典型的如北京朝阳、天津滨海、上海宝山、江苏无锡、重庆渝北、四川眉山、安徽合肥、陕西宝鸡等地。如果将城乡社区自治视为一个不断运行完善的行动系统，那么系统内外各主体之间无疑存在着合作、竞争、冲突、强制等多种互动关系。② 正所谓"同向谐变共生，逆向冲突互损"，在社区自治系统中，各相关主体唯有正向互动、相互协作，方能避免冲突互损，实现谐变共生，最终促成城乡社区的健康、有序自治。志愿者来源于社会各类行业领域，掌握着多种技能和资源，能够广泛参与到社区建设的各个方面。志愿者在社区自治系统中起到了润滑剂的作用，为社区的居民参与、经济发展、文化娱乐等各个方面贡献应有之力。

（1）志愿服务有利于促进社区居民的政治参与。亨廷顿认为，"社会经济发展促进政治参与的扩大，造就参与基础的多样化，并导致自动参与代替动员参与。"③ 参与志愿服务有利于城乡社区居民了解基层政治制度、参与基层政治生活、监督基层政治事务，逐步唤醒社区居民的民主政治意识和主动参与意识，推动基层政治制度自

---

① 习近平：《决胜全面建成小康社会　夺取新时代中国特色社会主义伟大胜利——在中国共产党第十九次全国代表大会上的报告》，《人民日报》2017 年 10 月 28 日。
② 徐向文、李迎生：《志愿服务助力城乡社区自治主体协同的视角》，《河北学刊》2016 年第 1 期。
③ 塞缪尔·亨廷顿等：《难以抉择——发展中国家的政治参与》，华夏出版社 1989 年版，第 69 页。

下而上的改革。① 例如，天津市和平区不仅探索出单向服务、互动服务等多种志愿服务模式，而且将社区志愿者纳入推动社区自治的六支队伍之一（其余为社区党组织、楼门院长、社区社会组织、社区网格员、驻社区人大代表和政协委员），为推进社区协商民主积极建言献策。

（2）志愿服务有利于推动社区经济发展。美国国家与社区服务机构（The Corporation for National and Community Service）发布的《美国志愿服务2011》称，2010年有6280万美国人参与志愿服务，约占总人口的26.3%，共计81亿服务小时，创造经济价值近1730亿美元。② 在当代社会，志愿服务已成为促进经济发展和社会繁荣的重要力量。③ 志愿服务有利于打破社区物业管理效能低、居民生活服务不到位、商业运作成本高等社区治理中的痛点，帮助社区实现成本低、体验好、投入少、效益高等治理经济收益。

（3）志愿服务能够满足社会居民精神文化需求。有些社区根据居民需求，成立了舞蹈、声乐、绘画、摄影、书法、棋艺、阅读等各类志愿服务组织，开展丰富多彩的文体类志愿服务活动，在丰富和满足社区居民精神文化生活的同时，强化了居民社区归属感和社区凝聚力。例如广东省东莞市成立了文化志愿服务队，将志愿服务纳入城乡社区文化建设工作序列。自2012年起，为每个社区（村）招募至少

---

① 孟帅：《城市文明建设中志愿服务体系建设研究》，山东大学，2016年。
② 黄晓鹏：《美国志愿服务观察及其启示》，《中国青年研究》2012年第11期。
③ 党秀云：《论志愿服务的常态化与可持续发展》，《中国行政管理》2011年第3期。

两名文化志愿者，配合文化管理员开展日常工作，以满足社区居民的精神文化需要。

（4）志愿服务有利于改善社区民生。当前，经济新常态下基层社会的民生需求更趋复杂化、多样化，城乡社区居民（特别是底层群体）在教育、医疗、养老、就业、住房、出行、公共服务等方面的需求相比过去都更加强烈。志愿服务以切实满足居民需求为出发点，形式多样，方式灵活，能够兼顾城乡社区居民的生存与发展，设计针对性强的志愿服务项目，从根本上推动改善社区民生。例如，内蒙古自治区每年面向应往届高校毕业生招募 5000 名社区民生志愿者。社区民生志愿者结合社区居民的需求，发挥自身专业特长，在社区开展丰富多彩的志愿服务项目，为居民解决了急事、难事，受到了社区居民的广泛好评。

中国志愿服务体系在逐步完善，志愿服务协同城乡社区自治的内容处于不断拓展之中。在协同服务城乡社区经济发展、政治参与、文化需求、民生生活等主体内容之外，志愿服务在关注社区居民身心健康、社区环境保护、社区安全稳定、社区制度建设等多个方面亦逐渐发挥出越来越大的作用。

第二节　志愿兴城的现实依据

改革开放以来，随着社会领域的不断扩展，我国在社会治理方面的需求不断增大，社会治理投入也在不断增加。随着志愿服务在我国的生根发芽，越来越多的城市志愿服务管理体制和运行机制进一步健全，形成了一批扎根基层、群众欢迎的志愿服务品牌，推动了志愿服务制度化、常态化发展，志愿服务成了一个城市的文化名片，见证着一个城市的点滴进步和提升，助力着城市社会的日新月异，大大提升了城市的文明程度和文化软实力。

一、志愿服务在社会治理中承担重要角色

广泛开展志愿服务活动，对于实现党的十八届三中全会提出的"推进国家治理体系和治理能力现代化"的目标具有重要的推动作用。

第一，志愿服务是提升社会道德水平、增进人民福祉的重要抓手。志愿服务体现了平等与尊重，承载了向善、仁爱的价值取向，以"互助"唤起了人们内心慈善的力量，是没有文化差异、没有民族之分的平等之爱。[①] 志愿服务是志愿者履行社会责任的过程，是实现自身社会价值的过程。志愿服务能吸引人、感染人、影响人，在全社会营造崇善行善的道德氛围，促进社会进步、增进人民福祉。比如，第十届"中华慈善奖·慈善楷模"获得者、第五届全国道德模范提名奖获得者、2014年全国十大关心成长杰出贡献人物侯振国，常年帮

---

① 王莹、尚琳琳：《志愿服务的道德属性及其在国家治理中的作用》，载《道德与文明》2018年第1期。

助困难家庭、资助失学儿童、救助大病患者。侯振国的无私奉献行为吸引了很多爱心人士加入志愿者队伍中来。2008 年，霸州市侯振国爱心团队正式组建。截至 2018 年 9 月，该爱心团队已经累计向社会捐款 1900 余万元，救助贫困家庭 2470 个，救助贫困学生 2000 名，其中让 586 名辍学儿童重返校园；救助大病患者 153 名，其中让 87 名大病患者得以康复并得到生命的延续。该爱心团队已累计为社会做志愿服务 163327 小时，以无数爱心行动践行了"回报社会"的诺言。① 侯振国先是以自身行动吸引志愿者加入其团队中，又带领团队志愿者们以点滴善行润物无声地帮助他人，向社会传递了关爱和温暖，使人们感受到了人间真情，在霸州市营造了浓厚的志愿服务氛围，产生了极大的社会影响。侯振国爱心团队越来越壮大的同时，社会上也涌现出了更多的爱心团队，社会整体道德水平因此逐步提高。

第二，志愿服务是政府职能的重要补充。单靠自上而下的行政力量难以覆盖国家的各个区域以及社会民生的方方面面。目前，我国社会保障体系起步较晚，发展尚不完备，还存在着覆盖范围不完全、保障能力有限等问题。志愿服务生发于民生需求，日益成为我国社会保障体系的有益补充。志愿服务在扶贫、济困、救孤、恤病、助残、救灾、助医、助学和大型社会活动等重点领域都发挥着重要作用。如养老问题，目前政府出资建养老院的数量远远不能满足社会需求，并且，当今社会的养老已不再止步于物质赡养，而是更强调精神层面的

_____

① 《廊坊霸州侯振国爱心团队队长侯振国荣获"中华慈善奖"》，2018 年 9 月 15 日，见中国霸州政府门户网站 http：//www. bazhou. gov. cn/xwzx/mtjj/content_ 8724。

抚慰和照护。志愿者在老人的感情联络、心理抚慰、消除老人的孤独感、寂寞感方面扮演着重要角色，助老志愿者与传统的政府养老和家庭养老一道，共同构筑了我国的养老助老体系。南京市玄武区孝陵卫街道小卫街社区治理发展协会发起的"敲门大姐"志愿服务项目就是个典型的例子。该项目以社区高龄空巢独居老人为服务对象，服务内容包括：（1）日常问候——每周 1 次上门对高龄老人进行日常问候与探访，及时掌握和了解老人的身体状况和心理状况。（2）心理陪伴——每周 1 次上门为高龄老人提供心灵陪伴服务，为老人聊天、读报等。（3）健康监测——每 1 周为高龄老人上门测量血糖、血压。（4）生活援助——为高龄老人提供陪医拿药、代购、家政介绍、家电维修等日常的生活援助。（5）节日关爱——在端午、重阳、中秋、春节以及老人生日等节日期间，上门为老人提供关爱慰问。（6）心理疏导——针对有负面情绪及心理问题的老人，专业心理志愿者为其提供心理疏导及心理干预服务。在做好传统服务项目的基础上，服务队还根据社区老年朋友实际需求，打造新的精准服务项目，包括"点亮空间服务项目""为爱驻足服务项目""失地关爱项目"等，有针对性地解决老年居民实际困难，为老人们提供优质服务。除此之外，团队中部分志愿者还成立了"巧线婆婆"志愿者服务小分队，10 多名"巧线婆婆"为社区 50 多户空巢独居老人免费编织棉鞋、棉帽等，用一根毛线串起了邻里互助情。2018 年，服务队邀请专业医疗团队进驻，组建社区家庭医生协作团队，为社区老年朋友提供专项健康管理服务。还设立老年助餐点，为社区空巢独居老人提供更健康的助餐服务。^①"敲门大姐"志愿服务项目以"敲门助老进社区"的形式，组织在地居民和志愿者来解决社区内部问题，成为社区居委会居家养老工作的重要补充。

第三，志愿服务是实现社会"善治"的重要途径。党的十九大报告明确指出，要"加强社会治理制度建设，完善党委领导、政府负责、社会协同、公众参与、法治保障的社会治理体制，提高社会治理社会化、法治化、智能化、专业化水平"。^②我国的社会治理主体日趋多元化，不仅有政府、企业而且有志愿服务组织和居民的参与。各参与主体之间相互支持、密切配合，形成联动机制，解决了社会治理中的很多问题。比如，随着深化改革开放的不断推进，北京知识产权法院在经历了整建制改革之后，人员精简、机构压缩，"人案矛盾""事多人少"问题尤为突出。为了提高工作效率，2015年，北京知识产权法院与全国14所高等院校建立了共建关系，成立了全国首家知识产权法院志愿者服务队，并设立了"阳光志愿 闪耀知产"知识产权志愿服务项目。服务队设立了诉讼服务岗、审判业务辅助岗和综合服务岗三类志愿服务岗位。在日常工作中，志愿者将会提供咨询、导诉、审判辅助等服务。为保证志愿者能够迅速适应法院工作节奏，北京知识产权法院依托立案庭，由法院内的业务专家参与授课，建立了志愿者"理念培训""规范培训"和"岗位培训"的三梯次

① 《"敲门大姐"志愿服务项目》，2018年11月29日，见中国文明网 http://www.wenming. cn/zyfw/2018sg100/zjzyfwxm/201811/t20181129_ 4916443. shtml。

② 习近平：《决胜全面建成小康社会 夺取新时代中国特色社会主义伟大胜利——在中国共产党第十九次全国代表大会上的报告》，《人民日报》2017年10月28日。

培训体系。成立 3 年来,"北京知识产权法院志愿者服务队"共吸纳了 70 所高校的 1000 余名大学生志愿者,服务时长累计超过 130000 小时。① 志愿者的加入,将为整个知产法院工作注入新的活力,这既是整合社会资源、落实司法为民、提升司法公信的重要举措,也是管理模式创新的需要。人民群众通过专业志愿服务优化了国家行政管理和社会治理,提升了社会法治化进程,推进了司法民主和司法公开建设。

二、志愿服务能够推动城市文明与和谐发展

城市文明是城市物质文明、精神文明、政治文明、生态文明的集大成者,在根本上标示着人类社会发展达到的一种和谐状态。文明程度高的城市,其经济建设、政治建设、文化建设、社会建设、生态文明建设、党的建设都得到了充分发展。因此,"文明城市"是反映城市文明和谐程度的综合性荣誉称号。在中央文明委历年引发的《全国文明城市(地级以上)测评体系》中,"志愿服务"一直是重要的考核指标,这从客观上表明了志愿服务对于城市文明的贡献度。志愿者自觉自愿组成文化、医疗卫生、法律、环保、消防等专业志愿服务队,融入城市文明建设的方方面面,以切实的点滴行动促进城市文明进步。

---

① 《法院志愿者服务队破解"人案矛盾"》,《北京青年报》2018 年 12 月 13 日。

第一，塑造人际关系。随着城市化进程的快速发展以及社会结构的重大转型，我国的城市人群生活方式和聚居类型发生了显著变化。城市中的人际互动趋于理性、讲求实效，而缺少了人情与亲密①，城市的凝聚力和社会整合度在减弱，人际关系日渐冷漠已成为不可忽视的社会问题，社会矛盾与冲突随之增加。这就大大增加了城市文明建设的难度。志愿服务将各行各业、各个年龄层次的城市居民紧密团结起来，帮助他们在家庭、工作之余寻找到新的交往人群。志愿者们本着公益目的，真诚参与、无私奉献、平等友好，在这样的环境中，大家更容易打开心扉与别人交流。比如说医疗志愿者。医生以志愿者的身份进社区进行义诊时，往往更容易与社区居民建立深厚的情谊。比如西安交通大学第一附属医院康复医学中心针灸科、脑病科主任邓景元，和他的康复志愿者团队，在医患关系敏感的今天，用自己的行动浇开了医患之间相互理解、相互关爱的和谐之花。② 不仅是志愿者和志愿服务对象之间，志愿者们也往往会结下深厚的友谊。共同的价值观追求增加了志愿者彼此的信任，降低了人际沟通成本。志愿服务参与者之间的良性互动，打破了现代城市生活中的人际交往壁垒，大大促进了城市人际关系和谐。

第二，培育公民意识。公民意识，是指公民个人对自己在国家生活中地位的一种认识状态和实践状态相统一的行为方式，是公民认

---

① 李宁：《当代中国城市交往的障碍与克服》，《学术界》2005 年第 12 期。

② 《带领团队为群众义诊 6 年无间断　爱心打造新型医患关系》，2017 年 6 月 22 日，见中国文明网 http：//www. wenming. cn/sbhr_ pd/hr365/zrwl/201706/t20170622_ 4308174. shtml。

知、公民情感、公民意志行为的统一。① 从法律角度来看，公民意识体现为公民对自身法定权利和义务的认知，以及对自身身份和社会价值的认同。公民意识是城市文明进程的内驱力，文明、法治、民主的社会构建离不开觉醒且强烈的公民意识，公民意识完善对公民社会的生成起着基础性作用。② 在现代社会中，志愿服务逐渐成为培养公民意识的重要途径。首先，志愿服务打破了社会资源分配不公平和资源供求信息不对称的局面，促进了社会公共领域的建构。这就给公民表达自身权益、进行社会参与提供了公共空间。其次，志愿服务在城市建设的各个领域都发挥着重要作用，志愿服务越来越受重视。志愿服务对象的社会诉求得到了满足，公民身份认同度得以提高；志愿者通过志愿服务参与到城市的管理和建设中来，得到了越来越多的尊重和认可，其民主意识日渐清晰，社会价值得以实现。

第三，促进公众参与。公众参与泛指公民试图影响公共政策和公共生活的一切活动。③ 随着社会的发展进步，公民自我意识逐渐增强，参与公众事物的意愿愈加强烈。公众参与对城市文明程度的影响显著且正向。志愿服务作为一项"众人之事"，其本身就是公民政治社会化的有效途径，能够有效增强公众参与度。一方面，志愿服务组织通过政府购买社会服务的方式，将志愿者织入行政管理网络中。在

---

① 黄甫全：《学校公民教育：问题及其对策》，《学术研究》1997年第4期。
② 黄丽娜、盛兰：《互联网使用、社会资本与公民意识——基于CGSS2013数据的实证研究》，《新闻界》2017年第7期。
③ 俞可平、贾西津主编：《中国公民参与——案例与模式》，社会科学文献出版社2008年版，代序第1—2页。

志愿者的间接推动下，政府决策的科学化、民主化进程逐步实现并不断完善。另一方面，志愿服务有利于疏通公众参与渠道，引导公民释放公众参与热情。比如"一带一路"高峰论坛的青年志愿者们，出色完成了会务、礼宾、接待、新闻宣传、交通保障、治安保障、活动保障等志愿服务工作。通过参与志愿服务，志愿者的政治和社会诉求得以抒发，志愿服务对象的社会需求也被充分挖掘并得到满足。志愿服务"让城市更加美好"。

第二章　志愿兴城的推进分析

志愿服务事业是时代发展的标志、国家文明的符号、社会和谐的象征，同时也是公民自觉践行社会主义核心价值观、主动参与社会建设、促进社会和谐的重要载体。在新的历史发展时期，大兴区的志愿服务事业无论是从志愿者的组织与招募、志愿服务项目的设计与开展，还是从志愿文化的弘扬与传播，志愿精神的传承与发展等方面都取得了长足的进步。为了将志愿兴城落到实处，更好地将现代志愿服务体系嵌入政府治理、社会发展之中，使之在精神文明、文化推广、城市治理、环境秩序、社会服务等方面发挥作用，将大兴区打造成为"人人愿做志愿者，处处可以做善事"的志愿之城，2015年，大兴区提出了建设"志愿新城"的宏伟蓝图，并规划了"一揽子"志愿服务推进措施。笔者对这些措施进行条分缕析，发现大兴区在推进志愿兴城建设过程中存在以下特点。

第一节　深入开展基础调查研究

"没有调查，就没有发言权"，"志愿新城"建设的第一步必须对大兴区的志愿服务基本情况进行摸底。自 2015 年 7 月起，大兴区组织课题研究组，分别对辖区内政府事业单位、社区组织、企业志愿服务组织、高校及草根公益组织进行了广泛的基础调研，调研方式包括座谈交流、一对一访谈、实地参观等，调研结果如下。

一、对政府事业单位及社区的调研

本次调研对象分为两个部分，一是以民政局、社工委、教委、卫生计生委为代表的政府单位，二是以亦庄、黄村、西红门、林校路、清源街道为代表的社区。政府和社区作为志愿服务的发起主体拥有着各自的特点和优势，也存在着共性的问题。本次调研采用座谈会以及实地参观的形式，希望在全面了解上述组织志愿服务现状的基础上，提出可行性改进意见，为大兴志愿新城的建设提供可参考资料。

（一）基本情况

在基本情况介绍中，可以从志愿服务组织管理、志愿服务项目、志愿者管理三个方面归纳政府部门以及社区志愿服务组织的志愿服务开展情况。

1. 志愿者组织管理基本情况

组织运行体系是志愿服务开展的支持结构。志愿服务组织是否拥有较为完善、先进的组织管理体系也是衡量组织成熟度的标志。

通过本次的调研发现，政府部门发起的志愿服务组织具有鲜明的行政特色。卫生计生委代表发言，"卫生计生委各队伍由基层团组织书记亲自管理，卫生计生委团委对八家志愿服务队实施监督、考核，在团组织评优工作中对志愿服务工作突出的组织和个人予以倾斜。"民政局社区服务中心代表发言说："我所在的社区服务中心承担着大兴区社区志愿服务的组织与协调工作，以及对社区组织、社区志愿者的培训任务。其组织结构是，大兴区民政局是辖区社区志愿服务工作的指导机构；各街道社区服务中心是辖区社区志愿服务的具体责任机构。"由此可以发现，由政府部门发起的志愿服务具有明显的行政色彩，大都采用自上而下的组织化动员方式。而这也是此类组织的独特优势。较强的动员力能够充分发挥枢纽型志愿服务组织功能，自上而下调动并协调安排志愿服务力量，这是提高基层志愿服务质量的有力保证。

社区志愿服务组织的管理运行同样主要依靠自上而下的组织化动员，由各社区团委组建志愿服务队，开展相关志愿服务活动，筹措志愿服务经费。但是来自各个社区的志愿服务负责人反映，在志愿服务组织机构方面，由于志愿服务的负责人主要是基层团干部，志愿服务队伍基于单位内部进行组织建设，志愿者来源较为单一，志愿服务项目有一定的局限性，还不能满足社区居民的志愿服务需求。自上而下的志愿组织管理机制能够在一定程度上提高志愿者动员效率，但也会影响志愿服务项目的创新性建设。

2. 志愿服务项目建设

志愿服务项目体系是志愿服务组织开展志愿服务的主要载体，是志愿者参与活动的主要平台。优质的志愿服务项目既能满足服务对象的现实需求，也能充分发挥志愿者的长处，提升志愿者的自我满足感。此外，一个成熟的志愿服务项目也能够很好地弥补政府公共服务的薄弱环节。纵观中国志愿服务的发展有两个维度：一是从最初雷锋精神传承下来的好人好事到现代社会追求随手做公益，实现自身价值的日常类志愿服务；二是对于一些拥有一定专业知识的特定人群投入自己的专业能力，做一些专业化、制度化、组织化的志愿服务。这两个维度分别代表着个别社区和政府部门发起的志愿服务项目的实际情况。

在调查中可以发现，由政府发起的志愿者组织，有特定的服务项目针对社区志愿者组织展开，比如大兴区民政局作为大兴区社区志愿服务工作的组织和协调单位，会对社区志愿者组织、社区志愿者进行培训。这样的服务内容具有一定的枢纽型志愿者组织特点。比如卫生计生委运用自己的专业能力和现有的资源成立了大兴区卫生计生委应急志愿服务队，主要围绕应急志愿服务、健康大讲堂、卫生计生知识宣传、下乡义诊、公益献血等多个方面展开。以上这些活动都符合卫生计生委的职能特点，属于专业事专业人做。此外，大兴区教育委员会也围绕中小学生的特点，发挥校园组织动员力度大的优势，积极开展诸如"引领中小学生文明上网，利用新媒体开展思想道德教育"的活动，建立教育系统网络文明志愿者队伍；此外"校内公益性——唐仲英爱心小分队"，开展"爱心活动基金""爱心打气筒""教师节自制礼物"等活动，具有一定的创新性和可行性，并且能够有效发挥志愿服务的道德教育功能。

社区志愿服务组织则更多地开展日常类即人人可为的志愿服务项

目。通过座谈也发现，社区开展的志愿服务项目同质化现象严重，亦庄镇团委书记说："全镇的志愿服务项目大体集中在环保类、助老类和法律服务类，且常态化的项目不多。"不过，虽然志愿服务领域有重合，但不同的社区开展方式及所利用的资源是不同的，依靠创新的项目运作方式能够达到老戏新唱的效果。比如清源街道依托社会组织建立志愿服务队，开展便民服务、法律咨询、心理咨询、政策咨询等各项服务。清源街道滨河西里社区的"老党员小天使"志愿服务项目的开展虽然服务内容与其他社区一样都是环境保护、助老助残等，但通过"大手拉小手"的形式，既发挥了老党员的模范带头作用，也增强了学生的社会责任感，是学校德育功能的有益补充，得到了学校工作人员的广泛认可。

3. 志愿者管理

志愿者是志愿服务的参与主体，科学的管理方式能够保证志愿服务队伍的良性运行。志愿者管理体系包括注册、计时、考核、激励等管理制度，以及志愿服务队伍的人员构成特点、志愿服务岗位设置等内容。

在政府部门里，作为拥有严格层级制度的单位，其对志愿者的管理也以一种由上到下的领导和监督机制，比如卫生计生委的志愿服务队伍由基层团组织书记管理，其人员构成也是由卫生计生委团委下属基层团组织挑选出的优秀人才。而监督、考核都由卫生计生委负责，激励措施表现为团组织评优工作中对志愿服务工作突出的组织和个人予以倾斜。这一志愿者管理模式表面上虽然全面，但是在实施效果上有一定的局限性，对于激发志愿者服务积极性只能起到隔靴搔痒的效果。卫生计生委代表反映，由于志愿者主体来自单位内部人员，在完成自己本职工作的基础上，利用极少业余时间做志愿服务已经是难能可贵，在具体的项目运行中，还需要承担一定的服务成本，这就使志愿服务项目的运行出现不顺畅的现象，而遇到这种现象的解决措施只能依靠任务安排的方式，因此志愿者参与服务活动处于被动的地位。

缺乏一定的人员协调机制。在政府部门志愿服务中，依靠组织化动员的方式推动志愿者注册率，但是未达到"注册了有所用，用了有所学"的效果。

普遍缺乏志愿者考核机制，这就难以保证志愿服务的质量。民政局代表说："对社区志愿服务组织与志愿者没有考核机制，主要是激励机制——多年坚持开展评比、表彰优秀社区志愿者组织、社区志愿者之星，还制作一些96156便民服务热线交通卡，发给部分志愿者。"由此可见，在志愿服务开展过程中，缺少对志愿服务质量的评估，以及对志愿者的考核。

在社区志愿服务的志愿者管理过程中，更是缺乏规范的管理机制，黄村镇志愿服务工作负责人指出："现在的志愿服务工作存在的突出问题之一就是管理不够规范，志愿者服务队伍中的招募、注册、权利与义务、管理与服务、表彰激励等制度没有得到统一。"

（二）存在问题

1. 志愿服务组织负责人对一些概念的认知有误区

志愿服务组织的负责人是管理者，更是志愿服务项目运行的组织者、计划制定者、决策下发者。优秀的管理者能够保证志愿服务运行的正确方向，更加能够促进志愿者与志愿组织管理机制的完善以及志愿服务项目的创新性发展。在调查中，课题组发现政府部门和社区志愿服务组织的负责人对志愿服务相关概念缺少全面的认知。

"志愿服务岗位"是指：不以物质报酬为目的，自愿为社会弱势和困难群体提供社会照顾，为社会、环境与人类的发展等提供无偿服务的社会职位。具体内容包括岗位任务、要求和规范。

"志愿服务岗位开发"是指志愿服务组织根据志愿服务的具体需求与发展目标，设置志愿服务岗位，并匹配相关资源的行为。岗位开发是志愿服务的基础管理工作，好的岗位不仅能够吸引充分和高质量的志愿者人力资源，而且会给服务对象和志愿者组织带来好的影响。开发志愿服务岗位时，要细致地分析服务对象、志愿者或组织的哪些需求能够通过志愿服务岗位而得到满足，这实际上也是一个需求评估的过程。在这个过程中要确保志愿服务岗位设置与本组织的愿景、使命、价值观、目标相一致。对组织通过志愿者所能取得的长期利益和短期利益要有事先的预期，并在这些预期的基础上考虑如何设立志愿服务岗位。

清晰这两个概念，并遵循理论的指导对志愿服务岗位进行开发，能够提升志愿者服务质量并且满足志愿者自身的需求。

在访谈中发现，志愿服务组织负责人对"激励机制"的认知存在片面性，将激励机制片面地理解为给予志愿者一定的物质奖励，或简单的精神性鼓励。"激励机制"是指志愿者组织为提高志愿者自身投入志愿服务活动的热情而采取的一系列行动。包括专业培训、生涯规划、提升职位、物质奖励、荣誉证书、优惠券等。物质回报即为志愿者们提供津贴及实习证明等，物质保障即为志愿者购买人身安全保险，提供交通补贴、通讯补贴，发放防暑降温药品等。志愿者评估或考核也是志愿者激励机制中重要的一环。

2. 志愿服务组织者与志愿者之间存在认知差异

在志愿者管理中，缺少对志愿者的需求评估，这也就造成了志愿者组织者与志愿者之间对于例如"激励机制"的内容存在差异。在对林校路街道饮马井社区——"有事您说话"志愿服务项目的调研中，接触到了几位退休老党员志愿者，他们追求着自身价值的实现，抱着作为党员的为人民服务的态度做着志愿服务工作，并不追求物质奖励。另外，志愿服务组织管理者多次强调缺乏经费支持用来给予志愿者一定的物质激励。但从志愿者自身的角度来看，其做志愿服务的初衷或坚持下去的动力并不是物质激励，物质激励对于一些志愿者来说效果并不见得明显。每一个志愿者都有特定的需求，根据马斯洛需求层次理论，从最底层的生理追求到最高层的自我实现追求，不同的激励措施起到的效果是不同程度的。因此，志愿服务组织管理者应该做好对志愿者的需求评估，制定符合其需求的项目计划和激励机制。

3. 缺乏枢纽型志愿服务组织的整体协调运转机制

大兴各志愿服务组织存在各自为政的现象，缺乏统一的调配和对接机制。各组织资源不能做到相互补充。且对于志愿服务组织建设也缺乏统一的标准和管理，这也使不同的上级机构对下级组织实行双重标准，一线志愿者组织面临双重标准，造成无所适从的局面。

在志愿者管理体系中，项目实施前，志愿者注册信息条目单一化、缺少培训机制；项目实施中，缺少志愿者保险的保障机制；项目实施后，缺少针对志愿者的激励机制以及志愿服务质量的考核机制。这一系列的机制都属于志愿服务管理体系中的支持保障体系。志愿服务支持保障体系由支持志愿服务事业开展的财力、智力、信息等因素组成，是志愿服务体系的"后勤部队"，决定了志愿服务体系是否能够正常运转，而支持保障体系的缺失将会阻碍志愿服务的良好运行。

4. 志愿服务项目缺乏创新性和多样化

精心设计的志愿服务项目能够有效兼顾志愿者特点和受助对象的现实需求，将分散的志愿行为整合为持续性的集体力量，从而为特定的受助对象提供有针对性的服务和援助。目前，各志愿服务组织均存在项目千篇一律、缺乏创新的问题，志愿服务对象的需求未被精准挖掘，志愿者的服务特长也未完全有用武之地。

5. 志愿服务缺乏充足的资金保障

在志愿服务活动的开展中会产生一定的成本支出，而充足的经费支持既是志愿服务活动顺利进行的保障，也是志愿服务组织持续性发展、为长期志愿者提供一定数额的补贴和奖励的保障。但是，通过调研发现，志愿组织负责人一方面反映缺少经费支持，另一方面也表现出争取资金路径的褊狭化，大多处于等待上级部门或政府下拨财政支持的被动地位。

（三）建议

1. 加快枢纽型志愿服务组织的建设，认识并结合中国国情，发挥组织化动员的优势力量。一方面建立政府主导型的枢纽型志愿服务组织，即以政府需求为导向，在政治上发挥党政部门、共青团组织与各类志愿服务组织间联系的桥梁作用，在业务上充分发挥龙头和联合作用，在管理上做好各类志愿服务组织的日常管理和服务协调工作。另一方面鼓励社会自发成立枢纽型志愿服务组织，即一种自下而上产生的，以社会需求为导向，为某些社会组织提供专业化的志愿者培训、志愿服务咨询等服务。

2. 发挥枢纽型志愿服务组织的作用，对于各志愿服务组织中的骨干志愿者展开常态化专业志愿服务知识培训，提高志愿服务组织负责人的管理水平和专业性，给予志愿服务组织一定的智力支持和保障。

3. 建立各志愿者组织之间的对接机制，以协调各组织之间的资源，形成优势互补、相互协作的格局。尽早出台统一的志愿服务标准，出台相关的志愿服务政策。

4. 志愿服务的开展不是一项简单的活动，而是一种系统的、可持续性的体系运行模式，因此，志愿服务组织应该完善组织运行机制：提升自主性和自我造血的能力、充分运用信息化手段，提升志愿服务的管理效益，加快实现与"志愿北京"平台的对接。完善人才队伍建设：推进志愿者注册、培训、激励、评估这几个环节必不可少，且各个环节在具体实施上也存在改进和提升的空间，比如注册环节，应该细化注册条目，为将来志愿者岗位的开发做好准备。开发创新性项目，促进项目专业化、体系化，与志愿者自身能力相承接。

二、对企业志愿服务的调研

此次调研对北京大兴诸多企业的志愿服务开展情况进行考察分析，并选取个别企业进行实地参观，针对企业志愿服务活动的优缺点进行分析，对企业参与志愿服务的有效形式进行总结和推广，加快建设大兴区志愿新城。

（一）调研对象基本情况

本次调研选取了大兴开发区的多家企业进行分析，包括北京京东方显示技术有限公司、富智康精密组件（北京）有限公司、中建二局一公司、北京恒扉嘉泰建设工程有限公司、亦家人、开发区青年汇。这些企业既有国企又有私企，能够很好地代表大兴区企业志愿服务的特色，对这些具有代表性的企业进行调研，能够很好地反映出大兴开发区企业参与志愿服务的现状。

（二）企业志愿服务基本情况

1. 志愿者人员结构

企业志愿服务活动所需的志愿者均来自企业内部员工，并由企业相关部门组织开展活动，比如，中建二局志愿服务由团委牵头，下设志愿服务分队开展志愿服务活动，并进行网络平台的宣传和推广；北京京东方显示技术有限公司内部设志愿者团队，由团委书记担任负责人开展活动。

2. 志愿者管理

企业对志愿者的管理相对松散，由于企业志愿者均来自企业内部，因此，对于志愿者的管理主要依托企业内部的规章制度。在企业开展项目之前通过企业内部的宣传途径来召集志愿者。在对加多宝（中国）饮料有限公司的实地考察中了解到，该企业有专门的志愿者团队来开发项目，并通过企业内部团建凝聚力量，加强志愿服务的宣传力度，同时通过公司内部的沟通途径来发布项目。另外，从对富智康的考察中了解到，志愿者团队管理意识不够强，志愿者的积极性比较高，但是缺乏系统的认识，并没有很明确的志愿者管理和很清晰的志愿服务规划，所以志愿服务的开展比较偏向一腔热血，而不是很有规划、很有计划地开展。

3. 志愿者经费来源

志愿服务是有成本的，在参与志愿服务的过程中必然产生相关的费用，如交通费、餐饮费等，这些成本成为影响企业坚持开展志愿服务的因素，企业能否承担或者承担多少成本对于志愿服务的开展有着十分重要的影响。

在实际参与过程中，根据不同的活动情况，产生的成本也不尽相同。企业员工参与志愿服务是在自主自愿的前提下进行的，员工的热情比较高，在参与志愿服务过程中产生的少量成本往往由企业员工自己承担，如富智康精密组件（北京）有限公司志愿者在参与志愿服务时，会尽量降低成本，并且由志愿者自己来担负车费等少量费用；除此之外，企业参与志愿服务活动的过程中产生的费用大多由企业自身来承担,比如北京京东方显示技术有限公司的志愿服务活动经费中有部分来自公司团委,中建二局一公司的志愿服务活动经费除了由公司团委提供之外,还向工会寻求帮助。

4. 志愿者管理制度

在对多家企业进行了解的时候发现,对于志愿服务管理规章制度的制定和使用尚处于初级阶段。尽管企业对于志愿服务的热情很高涨,然而对于志愿者的管理并没有进行规范化,只是在开展活动的时候通过公司管理层面将员工聚集在一起完成志愿服务活动,并没有制定志愿服务管理制度规范。

5. 志愿者培训制度

从调研企业的具体情况来看,根据其参与志愿服务的类型不同,对于志愿者的要求也不同,有常规性的志愿服务活动,如消除贫困、扶残救弱、助学支教、社区管理、环境保护等方面的参与一般不需要较高的技能,因此不太需要对志愿者进行培训,在服务过程中只要按部就班地把工作做好就行,在被调研的企业中,北京京东方显示技术有限公司、富智康精密组件(北京)有限公司、中建二局一公司、北京恒扉嘉泰建设工程有限公司、亦家人、开发区青年汇开展的志愿服务活动均开展过常规性的志愿服务项目。

对于专业性强的志愿服务项目,如医疗、救援等需要志愿者本身拥有这方面的知识和技能的同时,还会对其进行相关培训,以保证其在参与志愿服务过程中的顺利与安全。由于企业特性,北京恒扉嘉泰建设工程有限公司对入职的员工进行志愿服务培训,提高其专业技能的同时，也能够参与到应急救援志愿服务中。

6. 志愿服务过程中的问题

第一，志愿者的志愿知识不够专业，在一些志愿活动中能比较明显地感觉到，因为很少有专业的培训，很多志愿者到了岗位上热情有余但是专业不足，因此服务效果并不理想。

第二，志愿者团队管理意识不够强，志愿者的积极性比较高，但是缺乏系统的认识，并没有很规范的志愿管理和很清晰的志愿规划。

第三，和上级及其他志愿服务组织的对接不够顺畅。企业内部做志愿活动的范围比较窄，尚未与大兴区级志愿服务组织进行对接，与其他志愿服务团队也缺乏交流。企业志愿服务的信息管理也处于粗放阶段，尚未在"志愿北京"信息管理平台上注册。

第四，志愿服务活动的持续性比较弱。很多志愿活动只是一次性的，除了助学和爱心超市活动之外，一次性的志愿活动比较多，所以这应该也是不够专业的原因之一。

第五，志愿服务管理规范不完整，大多组织没有制定志愿服务相关管理规范条例来管理团队，没有对志愿服务活动进行后期跟踪和反馈，也缺乏对团队整体的运行规划。

第六，没有专职志愿服务管理团队，大家都在自己的业余时间参与志愿服务。

第七，常规性志愿服务项目较多，相对缺乏特色项目，同时地区内众多企业、草根组织参加常规性项目，容易造成资源浪费，活动重复等结果。

（三）调研企业志愿服务项目开展情况

1. 志愿服务类型

从服务内容来看，企业的志愿服务可以分为常规性和专业性志愿服务，如社区青年汇的马驹桥敬老院服务项目、富士康北京科技园志愿者服务的助洁、助残、助弱、助老项目，中建二局一公司的助老志愿服务活动；从服务对象来看，企业志愿服务可以分为对内和对外的志愿服务，如中建二局一公司助老活动，一方面到敬老院给老人们送温暖，另一方面也服务本企业退休职工，富士康北京科技园（富智康精密组件有限公司隶属于富士康科技集团，其志愿服务组织名称为富士康北京科技园志愿者服务队）志愿者服务队参与开发区组织的志愿服务活动，和北京市仁爱慈善基金会携手开展送粥活动，也在园区内部设立自助志愿站点，开设爱心超市；从是否与社会团体合作来看，企业志愿服务可以分为企业独自完成和与社会团体共同完成两种，如富士康北京科技园志愿者服务队与朗润社工事务所联合开展的保护母亲河活动，加多宝（中国）饮料有限公司与中国扶贫基金会合作开展慈善志愿服务活动等；从时间周期来看，企业志愿服务活动可以分为长期项目、短期项目以及周期性项目，如社区青年汇志愿者服务队长期开展的小朋友公益课堂项目以及每月一次的马驹桥敬老院服务项目，每年定期开展的"温暖衣冬"活动，中建二局一公司每年雷锋月开展的活动。

2. 志愿服务项目相关宣传

企业在参与志愿服务过程中会对所开展活动进行相关宣传，一方面激励员工参与志愿服务，另一方面也是为企业自身加分，树立企业社会形象。富士康集团每个月都会收集各个园区的志愿活动，在每个季度都会出一期名为《志愿·梦》的志愿活动电子期刊；中建二局一公司也充分利用网络平台对志愿服务活动进行积极的宣传和推广。

3. 特色志愿服务项目

针对自身特点，企业开展了许多彰显自身特色的志愿服务项目，如恒扉嘉泰建设工程有限公司的应急志愿者团队，志愿者得到专业技能的培训，这使他们在突发状况来临时能够借助自身职业技能沉着冷静地处理；中建二局的雷锋月活动，主要服务于在工地工作的农民工，对生活困难的农民工给予帮助；等等。

4. 志愿者奖励机制

企业志愿者参与志愿服务的热情高涨，自觉性较高，因此对于志愿者的奖励方面并没有特别大的投入，主要以精神激励为主，物质奖励为辅。

（四）企业志愿服务发展建议

毋庸置疑，我国的企业志愿服务已经从最初的零散、自发状况日趋向组织化、制度化迈进。无论志愿者队伍的构成，还是志愿服务项目的组织管理，都取得了长足的发展。尤其是参与志愿服务的意识在企业员工中已经普及开来。这不仅有助于企业文化的塑造，而且向社会传递了企业勇于承担社会责任，播撒志愿服务理念的正能量。但是，从另一个层面来看，企业志愿服务自身也存在一些短板，其专业性、可持续性、稳定性等方面存在很大的欠缺。破解企业志愿服务困境的难题，应该着力将提升其学习能力作为探索志愿服务可持续发展的必由之路。

1. 创新工作思路

通过实地走访、调研与企业相关负责人的沟通，企业志愿服务发展应该以"结合企业实际，找准薄弱环节，注重能力建设，增强服务能力"的思路进行。企业在参与志愿服务的同时，不能抛开企业实际的运行状况于不顾开展活动；要准确把脉企业志愿服务，针对其薄弱环节作为切入点，设计具有针对性的活动方案；帮助提升其自主发展能力，提高其自身的"造血"功能。

创新企业志愿服务是一项系统而复杂的工程，不仅需要企业提高自我组织、自我管理的能力，而且需要来自政府部门、社会组织、志愿者群体等多方面的社会资源通力合作才能实现。

目前，企业志愿服务很多都处于大而全的状况。种类繁多的志愿服务遍地开花，例如帮扶贫困大学生、为敬老院老人送温暖等项目。这些项目激发了员工的积极性，开拓了志愿服务的渠道，取得了一定的成效。但是，也要看到，这些项目往往缺乏常态化的组织机制，难以形成志愿服务品牌项目。因此，建议在对志愿服务项目的策划、实施中，要注重打造典型的志愿服务项目，挖掘志愿者榜样，用典型来带动和引领其他的项目和志愿者，提升组织管理能力。具体的做法，就是要在现有的典型服务岗位、志愿者的基础上，精心设计志愿服务活动，打造精品志愿服务项目，依托企业自身的优势，打造具有企业自身特点的志愿服务项目，同时树立榜样示范化试点推广，对于区域内成效显著的志愿服务项目进行重点宣传，树立榜样型志愿服务项目，用榜样的力量来带动区域内其他志愿服务团体的发展和进步。另一方面，实行骨干志愿者示范化。骨干志愿者能够发挥传帮带的重要作用，是开展志愿服务活动不可或缺的重要力量。

2. 有效整合多方资源

从调研的情况来看，参与此次调研的企业都开展了助老、环保、助幼等项目，部分组织的服务区域也存在着重叠之处，这些企业仅仅是开发区具有代表性的几家企业，可见，整个大兴区的志愿服务资源因项目同质化而出现了浪费现象。因此，首先应该对区域内的志愿服务信息进行整合，及时地传递志愿服务需求信息，避免重复服务，特别是节假日敬老院、学校、医院等地方的志愿服务需求信息的及时传递。另外，从区域内的其他方面入手，打造多样化志愿服务项目。

3. 加强志愿服务信息平台建设

随着网络应用日渐成熟，依托先进的互联网技术，打造便捷的信息接收平台，特别是开发手机 App 应用软件，将志愿服务需求、志愿服务专业培训通过订单的形式发布到平台上，让区域内所有有意愿参与志愿服务的个人、团体以及企业都能及时地获取最新的消息。

4. 大力打造志愿服务文化

良好的社会风气能够使人们自觉地接受社会氛围的熏陶，因此，志愿服务的发展要与区域文化发展紧密结合，用区域文化的氛围来带动志愿服务的发展，同时，通过志愿服务传承文化的积极意义。这就要求企业在参与志愿、设计志愿活动的同时,将志愿服务精神与区域文化以及企业文化相结合,打造既能满足企业自身发展需求又能促进区域发展的品牌志愿服务项目,这也有利于在区域内树立志愿服务品牌,起到引领社会文明风尚的作用。

当前,我国企业志愿服务由于受到诸多因素的制约,经常出现志愿者热情高涨、现场声势浩大,但是服务的覆盖面、受众规模以及持续性都受到了很大局限的问题。因此,企业志愿服务,要通过活动的实施,不断提升其服务理念、服务技巧、服务能力。要将"服务""学习"二者有机结合起来,才能为志愿服务的可持续发展提供不竭的源泉。具体而言,增加对志愿者、志愿组织管理者的培训,增强其可持续发展能力是有效途径之一。无论是企业自身,还是志愿者,所有志愿服务的主体都应该关注学习能力的有效提升,为志愿服务事业的长足发展提供动力支持。

三、对高校及草根组织的调研

(一)调研目的

大兴区高校志愿服务组织及草根志愿服务组织为大兴区各领域的建设作出了不可磨灭的贡献。建设大兴志愿新城,离不开它们的蓬勃发展,因此要对它们的发展状况有一个深入而详细的了解。本次调研的核心目标在于进一步了解并分析高校志愿服务组织及草根志愿服务组织的发展状况,具体而言包括三个部分:一、高校志愿服务组织及草根志愿服务组织在志愿服务组织管理方面的基本情况；二、高校志愿服务组织及草根志愿服务组织在志愿者管理方面的基本情况；三、高校志愿服务组织及草根志愿服务组织的志愿服务项目开展情况。

（二）调研对象

本次调研选取了十二家典型的组织——爱我大兴社区网、朗润社会工作事务所、心之露社会工作事务所、清源街道志愿服务协会、应急先锋志愿服务队、天恒建设突击队、北京航空旅游专修学院团委、北京政法职业学院团委、十万八千里骑行俱乐部9家志愿服务组织以及电池达人、环保志愿者王自新团队。这些组织包括两类：一类是有实体单位为依托的志愿服务组织，如爱我大兴社区网、朗润社会工作事务所、心之露社会工作事务所、清源街道志愿服务协会、天恒建设突击队、北京航空旅游专修学院团委、北京政法职业学院团委。这些组织有固定的办公场地、专门的工作人员，以及固定的规章制度；另一类是具有某项技能或爱好的人组成的志愿服务组织，如应急先锋志愿服务队、十万八千里骑行俱乐部、电池达人王自新的团队等。这些组织分属不同的志愿服务领域，并且在各自的领域中属于发展的较为完善或者已取得某些方面突出的成果。对他们进行调研，具有一定的代表意义和参考价值。

（三）调研主要内容

1. 志愿服务组织管理

（1）组织架构及人员构成

这两类志愿者组织中的大多数都成立了专门的志愿服务机构，并引导其成员加入志愿服务队。第一类有实体单位为依托的组织，志愿者协会以全体职工为依托，选取有热心、有爱心、有觉悟、有能力的员工，组成志愿者协会，协会逐渐从上级任务指派、党团委领导中独立出来，成为一个既专业又具有特色的志愿者协会。志愿服务项目也是一般与具体业务相结合，形成了自己的品牌项目。如爱我大兴社区网志愿者联盟，是爱我大兴社区网于2007年5月19日正式成立的志愿服务组织，他们从组织内部选拔了30人加入该组织，并定期向社会招募志愿者。心之露社会工作事务所拥有在册志愿者42名，包括康复理疗、心理咨询、按摩、理发、声乐、葫芦丝专场志愿者12名，以及大学生志愿者30名。清源街道志愿者协会依托清源街道办事处，并广泛吸纳清源街道辖区的广安门医院南区、清源路派出所、工商银行北京大兴支行体育场分理处、北京雄志律师事务所等单位和个人成为协会成员，于2009年成立，2011年正式在民政局注册，成立之初拥有成员50人，发展至今已拥有成员75人。天恒建设突击队的成员都是天恒集团内部员工，不对外招募。第二类无实体单位依托的志愿者组织，他们的成员大都有自己的职业，在业余时间从事志愿服务。如十万八千里骑行俱乐部，他们的成员都是一些热心公益的骑行爱好者，2012年开始随机参与北京绿色交通类志愿服务，2014年年初开始参与常态化的随手公益活动。应急先锋志愿服务队，目前拥有预备队员25名，正式队员3名，对预备队员实行考核制，只有考核通过才能成为正式队员，应急先锋志愿服务队主要依靠对外合作来开展志愿服务项目。

（2）规章制度

第一类有实体单位为依托的志愿服务组织，为保证志愿者协会有条不紊地运转，指导志愿服务活动的一系列过程，大多制定了相关的规章制度。如清源街道志愿者协会为提高协会服务专业水平，根据协会章程，制定了民主决策制度、财务管理制度、档案管理制度、印章管理制度、重大事项报告制度、捐赠管理制度和信息公开制度等二十余项制度。第二类无实体单位为依托的志愿服务组织，它们并没有正式的规章制度来保证组织的运行。

（3）经费来源

这两类组织的经费来源中，最大的部分都来自政府购买服务，如朗润社会工作事务所，通过与北京市未成年犯管教所共同组建的北京市未成年犯管教所未成年服刑人员成长指导中心"社工工作站"和"志愿者工作站"，承担了北京市未成年犯管教所的心理咨询工作；还有一部分来自组织内部的运转资金，如清源街道志愿服务协会、天恒建设突击队、北京航空旅游专修学院团委、北京政法职业学院团委；另外一小部分来自企业捐赠或与企业合作，如十万八千里骑行俱乐部、爱我大兴社区网志愿者联盟。

（4）组织运行流程

笔者在调研中总结发现，这两类组织都采取大致相同的运行流程来组织志愿服务活动，大致如表2-1所示：

表 2-1　志愿服务组织运行流程

步骤	志愿服务流程	志愿服务活动内容
1	考察社会需求	志愿活动计划
2	选择服务对象	上级单位协调、NGO 推荐、其他志愿者团队合作；与单位业务特长相结合
3	考察服务对象	服务对象的基本情况；服务对象倾向的志愿活动内容
4	设计活动实施方案	时间、地点、活动内容、注意事项
5	与服务对象确认活动方案	介绍活动内容、注意事项，商议如何配合
6	招募志愿者	招募通知
7	活动前期准备	交通、志愿者统一标识、活动必需物品
8	内部志愿者培训	介绍志愿服务的意义；介绍活动方案、目的、达到的效果；服务对象基本情况、存在的问题、需要帮助的方向；注意事项；任务分配
9	开展志愿者活动	安全事项、现场控制、记录志愿者和服务对象活动感受
10	志愿服务活动后总结、宣传	相关文字、图片、音频等的汇总、整理；对于志愿服务活动的思考

考察社会对志愿活动的需求。所有的志愿服务组织都以社会的实际需要为参考，结合社会热点、焦点问题，同时结合组织自身的业务优势，作为志愿服务活动的切入点，产生活动需求，确定志愿服务计划。如爱我大兴网志愿者联盟经过调查，确定了太阳村的孩子们对志愿服务的需求，于 2008 年组织志愿者参与由《京华时报》发起的太阳村公益活动。

选择服务对象。确定志愿服务计划后，就要针对计划选择合适的服务对象，主要途径为上级单位（如大兴区团委、大兴区志愿服务联合会）协调、NGO 推荐、其他志愿者团队合作等。服务对象的选择与本单位社会职能或志愿者兴趣相结合，从而使志愿服务能够达到最佳的效果。

考察服务对象。选定服务对象后，要对服务对象进行实地考察，以最终确定此服务对象是否真正适合协会的本次志愿服务。具体来讲，要了解以下几方面的内容：服务对象的基本情况；其基础设施是否完善；服务对象倾向的志愿活动内容、相关细节的态度及意见等。

设计活动实施方案。确认了志愿活动计划的可行性之后，就要进行具体活动实施方案的设计了，根据前期考察及与服务对象的沟通，设计合适的实施方案，将各种细节，如时间、地点、活动内容、注意事项等均详细列于方案之中。

与服务对象确认活动方案。活动方案设计完毕后，与服务对象进一步沟通，向其介绍活动内容、注意事项，听取其意见，商议如何相互配合，对方案进行进一步的修改，形成最终实施方案。

招募志愿者。实施方案确定后，协会进入志愿者招募阶段，向协会内志愿者发布招募通知，招募通知要感性并加入激励文字，充分调动志愿者的积极性。

活动前期准备。确定志愿者构成后，开始活动的前期准备，包括交通、志愿者统一标识、礼物、活动必需物品及摄影师等。前期准备的充分与否，会在很大程度上影响志愿服务活动的最终效果，因此必须予以足够的重视。

内部志愿者培训。向志愿者介绍志愿服务的意义；介绍活动方案、目的、预期要达到的效果；服务对象基本情况、存在的问题、需要帮助的方向；注意事项；如何给服务对象时时传递健康的价值观等。

开展志愿者活动。活动过程中要保障志愿者的人身及财产安全，保证活动在协会管理人员的控制之中，可派协会专门人员实时记录志愿者和服务对象参与活动的进程与感受。

志愿服务活动后总结、宣传。志愿服务活动顺利完成之后，要对活动时的文字、图片、音频等进行归纳、整理，最终以图文并茂的方式进行宣传，以激励志愿者。

2. 志愿者管理

在第一类有实体组织依托的志愿者组织中，小部分组织有相关的志愿者管理制度。如北京航空旅游专修学院团委，志愿者在志愿服务活动中的表现，成为它们评优、求职的重要依据。但是大多数组织在志愿者管理制度建设方面表现出心有余而力不足，它们大多想建立或完善相关的制度，但是缺乏专业的社工人员来给他们进行专业性的指导和建议。第二类无实体组织依托的志愿者组织，在此方面就更无从下手。

关于志愿者的培训，部分组织会定期为志愿者提供培训，如清源街道志愿服务协会，聘请北京石油化工学院人文社科学院张翔书记和赵春燕教授为协会成员进行"志愿服务理念"的培训；朗润社会工作事务所也会在志愿者上岗前为志愿者提供专门的岗前培训；北京航空旅游专修学院团委、北京政法职业学院团委则依托大型活动，与大型活动的组织方联合为志愿者提供岗前培训；天恒建设突击队联合大兴区民防局每年为各项目的志愿者提供专业培训。此外，其他组织暂时没有为志愿者提供专门的培训。

关于志愿者激励制度，清源街道志愿服务协会联合中医科学院广安门医院南区连续 3 年为协会个人会员提供免费健康体检服务。

3. 品牌活动构建

接受调研的几乎所有的志愿者组织都大量开展志愿服务项目，包括社会志愿服务以及品牌志愿服务项目等。如心之露社会工作事务所，目前开展的志愿服务内容包括阳光助残志愿服务和社区便民志愿服务等。这些机构都拥有跟自身业务相关的品牌活动，服务地点因各自的业务特色而异。具体如表2-2所示：

表2-2　各组织志愿服务品牌项目建设情况

组织名称	服务地域	品牌项目
心之露社会工作事务所	大兴区	综合包户服务 快乐出行项目
清源街道志愿服务协会	大兴区清源街道	免费缝纫、家庭除虫、环保咨询、垃圾分类、正骨按摩、健康饮水、钢琴调律等38个社区服务项目 "关爱老人　一元理发"公益活动 "过期药品"半价折换新药品活动 免费咨询和诉讼代书志愿服务

续表

组织名称	服务地域	品牌项目
清源街道枣园社区	大兴区清源街道枣园社区	"爱心幸福港"项目 "爱心4：30"项目
朗润社会工作事务所	北京市	社区居民心理健康数据库 北京市未成年犯管教所未成年服刑人员成长指导服务
爱我大兴社区网志愿者联盟	大兴区青海、甘肃	捐书、义卖活动 "爱·绽放"公益志愿青海行 "爱·绽放"公益志愿甘肃行
应急先锋救援队	事故发生地	应急公益大讲堂
十万八千里骑行俱乐部	北京市	绿色交通志愿活动 随手公益
北京航空旅游专修学院志愿者协会	北京市	大型活动礼仪志愿服务
北京政法职业学院志愿服务协会	北京市	心理咨询志愿服务
天恒建设突击队	北京市大兴区	应急抢险志愿服务 老旧小区维修志愿服务

4. 其他

（1）组织存在的困难

在调研中，笔者发现经费匮乏已经成为大多数组织目前最大的困难。特别是对于没有实体依托的志愿者组织来说，因为它们本身就是业余组织，没有专门的组织机构，属于非经济实体组织。另外的困难是办公场地问题，只能寻求企业赞助。另外，没有固定的办公场地、开展活动的场地，也是这些组织遇见的困难。如王自新团队以及应急先锋志愿服务队，它们都缺少开展培训、演练等活动的场地。其次，缺乏专业的志愿服务人员以及专业的培训，来帮助组织实现规范化运作和项目化支撑。

（2）对大兴志愿新城建设的具体建议

在调研中，多家志愿者组织表示：希望大兴区尽快建立志愿服务项目超市，整合大兴区所有的志愿服务资源，建设志愿者组织的联系网络，实现大兴区内志愿资源互通有无，提高志愿服务的效率；希望大兴区拥有更多专业化的志愿服务人员，能够对组织的规范化运作和专业化建设提供更多的建议和意见；希望政府层面能够给予更多的政策和技术方面的支持。

（四）启示及建议

启示：

1. 明确的定位。志愿者组织应结合自身工作、业务优势，利用组织的人才储备和知识储备，并根据社会对志愿服务的需求来开展志愿服务，能够保证志愿服务的质量、减少志愿者培训的难度。

2. 科学的管理制度。志愿者组织要想更好地、长期地发展下去，科学的运行机制是工作能够高效开展的关键因素。

3. 志愿服务活动要结合社会热点。比如 3 月 5 日的学雷锋日、5 月 20 日的助残日，可以开展内容相关的志愿服务活动。一方面，便于获得领导认可与资金支持，扩大单位的社会影响力；另一方面，可以激发志愿者的热情，调动志愿者服务的积极性。

4. 加强宣传报道。为营造良好的志愿服务氛围，志愿者组织应努力打造立体化的宣传报道体系。详细深入地记录和报道志愿服务工作，丰富网络宣传材料的种类，丰富宣传手段，强化宣传效果，力求宣传效果持续化，从而达到一方面激励已有志愿者，另一方面吸引新的志愿者的目的。

建议：

1. 组织要成立专职志愿者协会，并且有专门的专职于志愿者协会的志愿者，订立规范的管理规章制度，打造专业化的志愿服务团队。

2. 建立员工志愿者管理流程。具体可通过以下几种方式实现：对员工在协会中的角色和作用有明确的界定；有明确界定的管理计划，包括招募、申请、面试、培训、开发、激励、保障、补贴、报销程序；定期评估并反馈给员工评估结果，使其了解自己做得如何及哪些方面需要改进；对意见和建议的获取和反馈程序等。

3. 志愿服务活动就近原则。开展就近的志愿服务活动，方便员工参与，保证志愿者有充足的休息时间。另外，也能够保证志愿服务活动定期、持续开展。

4. 与兄弟组织联合开展志愿服务。志愿者组织可以利用自身的业务优势，联合其他组织共同开展志愿服务，以扩大社会影响力，减少活动阻力，宣传志愿服务。

四、对支持型组织的调研

志愿服务支持型组织，是指在志愿服务活动中，以志愿服务组织为服务对象，为这些组织提供平台建设、人才培养、业务指导、品牌宣传等专项服务工作，为志愿服务组织的孵化、建设和长期发展提供支持的专门类型组织。志愿服务支持型组织与服务型组织最大的区别在于定位与服务对象的不同，服务型组织以直接组织参与到每一个志愿服务活动中为目标任务，服务的对象是组织定向帮扶的群体。而支持型组织则将自己定位于整个志愿服务行业的枢纽地位，以服务型组织为服务对象，帮助这些组织进行规划发展指导，使其能够更好地适应社会发展需要、形成属于自己的品牌。志愿服务支持型组织的产生，是基于当前各种不同类型的志愿服务组织在中国遍地生花、市场不断扩大以及这些组织对于未来长期发展规划的需要产生的结果，是公益发展与政府保障和市场引导有机结合的产物，将带领志愿服务领域的发展走向专业化、常态化和规模化。课题组以大兴区社会组织服务中心为调研对象，重点了解支持型组织在大兴志愿服务事业发展中的作用及发展现状。

（一）大兴区社会组织服务中心基本情况介绍

大兴区社会组织服务中心由大兴区社工委于 2015 年 3 月批准成立，以搭建集孵化发展、能力建设、人才培养、成果展示和交流合作等服务项目为一体的综合性服务平台为特征，中心旨在通过整合政府、社会力量，有针对性地为社会组织提供支持帮助，为推动大兴区社会建设和创新提供有力支撑。大兴区社工委通过政府购买服务的形式，将服务中心委托给一家民办非企业单位——大兴区社会组织发展服务中心实施专业化运营管理。

大兴区社会组织服务中心的实际特点，主要是围绕两大主题开展工作，一是重点培育孵化与民生相关的公益慈善类和社区服务类社会组织，积极推进志愿服务向社会化、项目化、专业化转型；二是辐射大兴区各街镇，为各类社会组织提供服务和支持，扶持社会组织做大做强。

（二）功能定位

大兴区社会组织服务中心在成立之初对自身发展进行功能定位时，提出了"3+3+2"模式，即三大平台、三大保障和两大拓展相结合的系统化模式。三大平台，是指社会组织培育孵化、公益事业人才培养和社会组织党建引领，从机构、人才和党政领导三方面开展支持性工作。尤其是社会组织党建引领方面，中心通过设立党支部，承担起发展社会组织成员成为党员的任务，有力地加强了社会组织与党政机关和政府的联系，扩大有效政府和有力政党的领导作用。三大保障，是指社会组织信息数据整合、社会资源对接引入和与街道培育基地实行联动的服务保障措施，使信息资源实时与活动对接，提高工作效率。两大拓展，即社会组织工作标准与流程开发以及实践经验宣传交流，通过这两个渠道帮助志愿服务组织工作及时调整并通过经验学习不断提升质量，促进志愿服务组织的整体进步。

孵化工作作为大兴区社会组织服务中心的首要职能，已能通过一整套较为完善的制度体系来实行相应的工作，这主要包括两个方面的工作任务：第一，是孵化基地的职责，包括对入驻组织进行孵化期间的日常管理；协助入驻组织落实各项优惠扶持政策，协调有关部门为入驻组织及其从业人员提供技能培训，为入驻组织提供经营办公、成果展示、会议洽谈场所，为入驻组织提供税务、人事、劳动和相关资讯等"一站式"配套服务；按照有关财务会议规章制度，对中心运营经费实行专账核算、专款专用，并做好资金使用文件材料的建档和保存，自觉接受区社会办和财政部门的监督检查；对入驻社会组织孵化情况进行综合绩效评估，按季度对中心的运营情况进行总结，上报区社会办；完成相关职能部门交办的其他工作任务。第二，是社会组织的孵化流程。社会组织的孵化流程是包括入驻申请—入驻评估—入壳—孵化培育—中期考评—出壳评估—出壳—跟踪服务等一系列工作的服务流程。其中，入驻评估这一项包含了制定入驻标准，对申请入驻的社会组织进行审定的工作。中期考评是要在孵化期间，参考社会组织出壳标准，对社会组织进行中期内部评价，对比进入孵化中心前后的变化与提升。出壳评估作为检验社会组织能否最终成立的决定性工作，需要中心制定出严格的社会组织出壳评估标准，对入驻孵化满一年的社会组织进行出壳评估。社会组织正式成立后，中心还承担着后期的跟踪服务，为出壳社会组织提供跟踪式的资源共享、辅导培训、成长调查、项目辅导和财务辅导等服务。目前，在大兴区社会组织服务中心入壳孵化的社会组织中，具有代表性的有大兴区爱众社会工作事务所、大兴区小蝌蚪亲子教育指导中心、大兴区心星蓝图自闭症服务中心、大兴区伯斯老年文体活动中心以及大兴区钧陶社会工作事务所等，这些组织通过中心定期的辅助指导，在志愿服务领域崭露头角，使大兴区志愿服务发展不断取得新的成绩。

（三）未来工作展望

经过规划研讨，大兴区社会组织服务中心今后一段时间的工作主要围绕以下六个方面展开：

1. 开展社会组织孵化

根据社会组织的不同需求，将孵化分为壳内孵化和壳外孵化。壳内孵化是针对急需场地工位的社会组织，壳外孵化是针对对场地工位没有需求的社会组织。整个孵化过程包括"接受申请、筛选评估、入壳、孵化、出壳、跟踪辅助"六个阶段，总时间为期一年。协助组织完成"出壳"后一年适应期，使其承接政府公共服务职能的转移，服务民生、服务社会。

为入壳机构提供八项服务：提供办公场地支持、日常一对一咨询服务、一对一专家顾问指导、多样化的能力建设培训、搭建政府与社会组织的对接平台、引入支持型组织提供服务、协助项目落地社区开展服务项目、提供社会组织注册咨询。

2. 加速推进社会组织专业人才培养平台建设

举办社会组织能力建设培训、大兴社会组织沙龙、大兴社会组织讲堂、能力建设工作坊、入壳社会组织分享会等多种类型活动。

3. 为街镇社会组织培育工作提供业务指导

承担为街道社会组织发展与能力建设提供指导的职能，通过区级服务中心对街道枢纽型社会组织提供包含社区社会组织备案评估、组织培育、能力建设系统、项目指导、组织交流等的社会组织服务规划辅导，有针对性地为街道枢纽型社会组织筹建社会组织综合服务基地提供规划咨询，实现区级社会组织综合服务中心的指导作用。

4. 社会组织基本情况调研

调研掌握大兴区社会组织总体情况，中心对大兴区 100 多家社会组织发放调查问卷，并挑选 50 家社会组织进行访谈，从 2016 年 3 月开始，每周召开一次调研座谈会，了解大兴区社会组织的发展现状和存在需求。

5. 中心的品牌宣传工作

设立中心开放日，主动邀请外部的企业、高校、媒体来服务中心参观考察采访，宣传大兴区社会组织发展的成就。将活动的通知和新闻挂网外发，建立了新浪微博认证账号和微信公众号，每天推送中心的相关活动信息。

6. 研发社会组织培育工作规范和流程

提炼总结第一年社会组织孵化工作的经验，为今后和街道层面的社会组织孵化工作提供指引；收集整理大兴区优秀的公益项目，作为《大兴区社会组织优秀项目案例集》出版发行。

（四）取得成绩及经验

迄今（2016 年 5 月）为止，大兴区共登记社会组织 437 个，其中：社会团体 169 个；民办非企业单位 268 个；未登记注册的社区社会组织 434 个。总体来说，全区社会组织发展势头良好，大兴区社会组织服务中心在此过程中发挥了重要作用。与其他类型的志愿服务支持组织相比，大兴区社会组织服务中心所服务的对象更为广泛，只要是落地大兴地区且规模达到相应标准的服务团体都可以成为中心的支持对象，随着中心的发展，民办非企业也逐渐成为中心的主要服务对象。目前，中心已与大兴区政府部门达成协定，承担大兴区 100 个志愿服务项目的组织运营工作，汇集 20 名专家学者，以每个专家负责5 个项目、每个项目平均进行 5 次督导的方式帮助志愿服务组织开展项目，而中心则承担起第三方的运营监管工作，负责评审、督导及协调整体的工作。

大兴区社会组织服务中心之所以能够在较短时间内帮助大兴区社会组织发展事业取得成绩，主要是因为中心所设立的系统化的工作制度及通过长期组织交流学习对工作经验的提升。中心定期会通过组织培训、沙龙等指导交流活动来增进与志愿服务组织的联系，加强这些组织之间的交流学习。除此之外，中心内部事务也会通过每周定期召开的项目例会来进行备案、总结，及时进行工作部署和项目跟进，对于进入正轨的项目也要及时进行总结工作，不能有丝毫松懈。

（五）存在的主要问题及应对策略

除取得了一系列成果以及积累了许多的发展经验，与其他支持型的志愿服务组织一样，大兴区社会组织发展中心也面临着一些问题和困难，亟须进行规划调整，制定相应的解决策略。

首先，资金问题是中心发展的首要问题。大兴区社会组织服务中心作为北京市大兴区社会建设工作办公室领导下的社会组织服务机构，目前其资金来源主要是依靠政府拨款支持。但由于目前相应的制度还不够完善，因此经常出现中心工作发展与资金支持不一致的局面，大多数情况都是以中心垫付资金的方式解决，甚至工作人员的工资不能准时发放的情况也会经常出现。资金问题是中心出现资源流失和不可持续发展问题的主导因素，因此，解决这个问题必须成为大兴区社会组织服务中心工作的重中之重。

其次，中心工作人员团队建设问题也是中心发展的重要方面。目前，大兴区社会组织服务中心共有13名工作人员，包括一名主任，2名副主任（一位负责中心日常行政工作，一位负责项目管理），2名财务人员，1名行政人员，5名项目专员，1位专家顾问和1位社工委代表。从人员组成上来看，中心人员规模较小，且大多非社工专业出身，在中心的长远发展和业务拓展方面还处于劣势，因此，如何引入人才，帮助中心建设起一支高素质、高效率、高要求的团队，也是中心所要面临的一项重要问题。

最后，中心宣传和志愿者招募工作还需加大实施力度。关于中心的宣传工作，现阶段主要是通过建立新浪微博认证账号和微信公众号来进行信息推送以及定期开展沙龙和经验交流会来扩大中心影响，虽有成效但还不够明显。在志愿者招募方面，中心尚未形成相应的招募制度和规范，未能拥有一批固定的志愿者，因此会出现举办志愿活动时向其他组织"借调"人员的情况，这些也是不利于中心的长远发展的。

对于出现的这些问题，大兴区社会组织服务中心也提出了一些自己的解决方案。在资金问题上，除了加强与政府的沟通协调工作，也开始尝试扩大资金渠道，即通过构建项目平台，为社会组织提供合适的项目并进行后期运营指导，以此来获取相应的报酬帮助中心资金周转，即培养中心的"自给"能力。关于人才建设方面，中心会随着业务的不断拓展适时扩大团队，用中心的影响力吸引更多人才的加入。而中心宣传和志愿者招募这一块，确实是提高中心影响力十分重要的一项工作，目前为止，中心工作的辐射范围还集中在大兴地区，必须加大宣传力度，使中心成为北京地区具有影响力的支持型志愿服务组织，从而才能让更多志愿者加入中心的活动中来。

（六）志愿服务支持组织必要性分析——以大兴区社会组织服务中心为例

志愿服务支持型组织作为我国公益事业发展到一定阶段的产物，其出现是必然的、合理的也是科学的。正如我国现阶段正在进行的供给侧改革一样，在志愿服务领域，如何为志愿服务项目找到合适的承接单位、如何为服务型志愿组织匹配合适的服务项目，使工作效率最大化而避免资源的流失，是当前我国志愿服务发展所面临的一项十分重要的问题，而支持型组织的出现，能够有效缓解信息不协调、资源不匹配的现象，使整个志愿服务领域的发展更为有序。

第一，扩大人才培养和服务平台构建渠道。志愿服务行业是一项需要投入大量人力、物力和财力的行业，专业人才的培养和专业平台的构建不可或缺。支持型志愿服务组织本身多是由专业型人才组成，因此必然重视行业人才的培养，而它的存在也为许多有志于志愿服务行业的人提供了学习历练的平台，吸引更多人进入志愿服务领域中来。大兴区社会组织服务中心通过构建社会组织培育孵化、公益专业人才培养和社会组织党建三大平台，从组织、人才和党政联系三方面着手，有力地承担起培养志愿服务行业人才和拓宽服务平台的工作。

第二，提升信息对称性和资源利用率。随着志愿服务事业的发展，越来越多的信息和资源已经不能依靠政府和志愿服务组织自身来进行搜集掌握了，一方面是因为信息流动性实在太快，另一方面是因为政府和志愿服务组织毕竟不是专业的情报机构，而且要负责大量的本职工作，也有分身乏术之困难，因此，必须要有充当协调发展的第三方——支持型志愿组织来帮助其进行有效对接，使政府批准的项目信息能及时为社会组织掌握，而支持型组织也能帮助政府对这些招标组织进行有效筛选，最终大到项目—组织合理匹配的目标，实现效益最大化。大兴区社会组织服务中心通过对社会组织信息数据的整合、社会资源的对接引入和与街道培育基地的联动，为志愿服务项目的开展提供了层次保障，确保资源的有效利用。

第三，提高服务质量和志愿服务影响力。志愿服务工作并不是固定的或一成不变的，它会随着社会情况的变化对志愿者和志愿组织提出更多的要求。如何使志愿组织通过提高服务质量和水平更好地服务大众，从而扩大志愿服务影响力，就成为支持型志愿服务组织长期面临的一个难题。大兴区社会组织服务中心通过对社会组织工作标准与流程的研发以及定期举办实践经验宣传交流会，拓宽视野，增加经验，使志愿组织服务更为完善，影响力与日俱增。

（七）小结

随着志愿服务行业的发展，从前的那种单一的参与式志愿服务模式已经不再畅行，各种各样服务型志愿组织越来越重视自身品牌的建设和未来的长期发展规划，越来越重视承接项目的质量以及受众的需求，在这种背景下，支持型志愿服务组织应运而生，它使志愿服务组织脱离之前的混合状态，逐渐进入细分时代。

支持型组织作为志愿服务组织的后盾，担当起北京志愿服务组织的"服务供应商"角色。大兴区社会组织服务中心作为支持型志愿组织中的一员，也在积极引领志愿服务行业不断向前发展。虽然，作为新鲜事物其存在面临着诸多考验，但随着国家政策支持力度的不断加大和国民的公益性认识不断加强，支持型组织将在日益成熟的行业领域发展壮大，使我国早日迈入公益强国的行列。

第二节　建立社会资源动员机制

一、推动成立志愿服务专门机构

随着市一级志愿服务联合会的建立，区级联合会组织也在政府的倡导和北京市志愿服务联合会的指导下建立，大兴区志愿服务联合会是继门头沟区志愿服务联合会、海淀区志愿服务联合会之后的第三家区级联合会组织。其发展脉络是：2007 年 2 月 25 日大兴区青年志愿者协会成立，负责规划、指导、组织、协调大兴区志愿服务工作。2007 年 3 月 29 日大兴区志愿服务指导中心成立，是负责统一规划、协调和指导大兴区志愿服务工作的专门机构。2015 年 8 月 25 日大兴区志愿服务联合会正式成立。大兴区志愿服务联合会的成立，一方面是响应政府的号召，另一方面也是为了满足地方的志愿服务体系建设需求。自成立后，为了发挥"枢纽型"志愿服务组织的功能，大兴区志愿服务联合会以"志愿新城"三年行动计划为指导，积极规划本组织的工作蓝图。成立至今，已展开"志愿服务项目支持计划"项目化建设、"志愿服务经理人"管理能力支持等项目。

（一）机构基本信息

大兴区志愿服务联合会成立于 2015 年 8 月 25 日，是联络、团结、凝聚大兴区各部门、各系统、各领域志愿服务力量的"枢纽型"组织，是北京市第三家枢纽型志愿服务联合会，其主要功能包括两个方面：第一，对大兴区的志愿服务组织进行指导、管理和协调；第二，对接政府、市场，为大兴区志愿服务的正常运行争取政策、资金支持。大兴区志愿服务指导中心承担大兴区志愿服务联合会秘书处职能。大兴区志愿服务专家顾问委员会从理论研究上支持大兴区志愿服务事业的发展。至此，初步形成了以大兴区志愿服务联合会为主体，以大兴区志愿服务指导中心、大兴区志愿服务专家顾问委员会为支撑的"一体两翼"的工作架构，如图 2-1 所示。

大兴区志愿者联合会成立当天，审议通过了两项重要组织文件，即《大兴区志愿服务联合会章程（草案）》和《北京市大兴区志愿服务联合会选举办法（草案）》，选举产生了大兴区志愿服务联合会第一届理事会理事、监事会监事，以及常务理事、领导机构。组织结构如图 2-2 所示。

此外，大兴区志愿服务联合会作为区级枢纽型组织，为了更好地

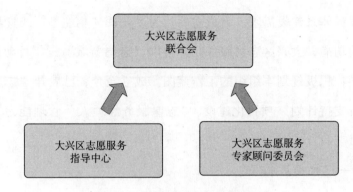

图 2-1　大兴区志愿服务顶层设计图

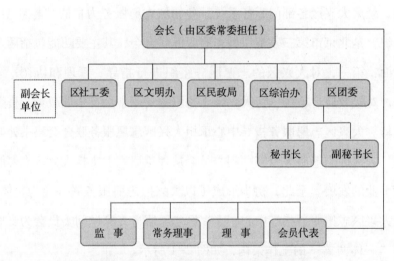

图 2-2　大兴区志愿服务联合会组织结构图

联络和整合各镇街的志愿服务力量，现已促进成立了 22 个镇街志愿服务协会，大兴区志愿服务联合会承担指导协调、资金支持、培训督导等功能。全区 22 个镇街志愿服务协会主要有黄村镇、安定镇、荣华街道、博兴街道、采育镇、庞各庄镇、礼贤镇、高米店街道、魏善庄镇、青云店镇、清源街道、林校路街道等。

（二）组织投入

大兴区志愿服务联合会的资金来源有主要有三个主要途径：一是企业捐赠，二是政府购买服务项目的资金，三是与相关合作部门的资金投入。

（三）组织文化

组织文化是一个组织发展的灵魂，代表了组织基本价值取向。总结组织文化的要素与内容有利于加深对组织工作方向和工作目标的理解。大兴区志愿服务联合会的组织文化载体主要体现在以下三个方面：

1. 大兴区志愿服务联合会会徽

图 2-3　大兴区志愿服务联合会会徽

设计说明：会徽设计以"赠人玫瑰，手有余香"为理念，以玫瑰造型为创意核心，来体现帮助他人的高尚品德。玫瑰花瓣向心旋转，意为凝聚人心，也体现了志愿者从四面八方汇合，联合会人才济济，互相帮助。花蕊的造型是由两只手组成了心形，展示了志愿服务精神的内涵，即奉献、友爱、互助、进步，花瓣又好似彩带迎风飘

图 2-4　大兴区志愿服务联合会会徽，图案已被
用于制作志愿服务纪念徽章

舞，热烈的情绪呼之欲出。①

---

① 大兴区志愿服务指导中心：《志愿新城——行善立德》，内部刊物，2016 年 5 月版。

会徽是大兴区志愿服务联合会的标志，其内涵寄托着联合会成立的初衷和工作目标，既是一种组织文化的代表，更是志愿服务文化和理念的最好的载体，有利于志愿服务精神的传播。

2. 大兴区志愿服务联合会所认同的志愿服务核心文化

理念：奉献、友爱　素养：善良、诚信

原则：平等、正义　态度：开放、包容

体验：快乐、充实　效果：凝聚、成长

志愿服务核心文化是大兴区志愿服务联合会组织文化和组织价值观的凝练和总结，更是志愿服务联合会希望志愿者所具备的基本素质和服务态度，志愿服务核心文化的传播有利于营造大兴区志愿服务事业的良好文化氛围，更是大兴区志愿者的基本价值取向。

3. 大兴区志愿服务口号

"学习雷锋，奉献他人，提升自己；奉献，友爱，互助，进步；全民志愿，好人满城；人人都是志愿者，处处可以做善事；帮助别人，快乐自己；人人都是志愿者，人人都是受益者；出入相友，守望相助；予人玫瑰，手有余香；志愿传递文明，服务成就精彩；快乐公益，随手公益。"①

志愿服务口号是大兴区志愿服务联合会会徽的基本意象阐释，也是对志愿服务核心文化的进一步解读，是大兴区志愿服务联合会的又一组织文化代表。

---

① 大兴区志愿服务指导中心：《志愿新城——行善立德》，内部刊物，2016 年 5 月版。

二、积极参与政府购买公共服务项目

大兴区积极组织区内志愿服务组织申报北京市政府购买公共服务项目，并积极为这些组织提供项目申报后勤工作。以 2017 年为例，北京市志愿服务指导中心启动"2017 年北京市小微志愿服务项目支持计划"项目申报工作，大兴区以品牌志愿服务项目支持计划工作为契机，积极引导和鼓励基层志愿者组织积极参与，踊跃报名，推荐 75 个品牌志愿服务项目进行申报，最终 36 个项目入围决赛。2017 年 7 月 8 日，北京市志愿服务指导中心组织相关专家对入围决赛的项目进行评审，各项目负责人通过现场答辩，评审专家根据评分标准进行现场打分。经过评审组合议、讨论等，通过对项目的公益性、科学性、可行性、可持续性、社会成效及申报预算金额等方面进行综合考评，大兴区共有 22 个项目获得 2017 年北京市小微志愿服务项目支持，占全市总数的比例近 10%。

三、多方筹措社会资源支持志愿服务

（一）引入社会力量，充实志愿服务管理运行团队

大兴区社会组织发展服务中心，是一个为社会组织服务的支持型社会组织，主要从事大兴区社会组织孵化、运行管理、资源对接等支持类活动。由于大兴区志愿服务联合会自身的工作人员较少，其能够投入的精力和时间较为有限，大兴区志愿服务联合会与大兴区社会组

织发展服务中心正式达成了业务合作关系。大兴区志愿服务联合会扮演决策者、资源整合者、验收者的角色，大兴区社会组织发展服务中心则扮演方案策划者和具体执行者的角色。

在志愿服务组织体系中，大兴区志愿服务联合会与大兴区社会组织发展中心都属于支持类志愿服务组织，都在一定程度上承接了政府在公共服务中分化出来的职能，但二者在工作内容、工作方法上有一定的差别。大兴区志愿服务联合会作为"枢纽型"志愿服务组织，是大兴区志愿服务事业的领头羊，起到协调资源、平台构建、制度设计、志愿服务组织孵化与支持的作用。大兴区志愿服务联合会通常采取组织化动员的方式，调动镇街一级的志愿服务力量，从而带动全区的志愿服务事业发展。大兴区社会组织发展服务中心作为支持型社会组织，其在工作内容上包括向大兴区不同类型的社会组织提供不同类别的支持型工作，比如对社会工作者机构提供能力建设支持、对志愿服务组织提供项目建设支持等。在工作方法上，通常采取社会化动员的方式。

（二）广泛动员志愿者资源，构建"行业+志愿服务"模式

为进一步推进志愿新城建设，自 2016 年 9 月起，大兴区志联五家副会长单位联合下发了《大兴区行业引领促进志愿服务发展实施方案》，通过探索"行业+志愿服务"的模式，发挥职能部门优势，发动群众以志愿服务形式参与社会治理，促进部门行业工作齐抓共管。

截至 2018 年 10 月，大兴区已有"行业+志愿服务"队伍 73 个，常态化运行"行业+志愿服务"项目 114 个。比如，大兴区园林局推出的"美丽新区"志愿服务项目，根据园林绿化行业季节性特点，推出

不同主题的志愿服务活动，春季推出义务植树类志愿活动、夏季推出爱护绿地巡查宣传类、树木养护类活动、秋冬推出森林防火和爱鸟活动类等。通过广泛发动志愿者，积极参与活动，一方面提高了群众环保意识，另一方面也保护了身边的绿色环境。又如，大兴区卫计委推出的"爱心相伴"志愿服务项目，通过志愿北京平台发布"爱心相伴"志愿服务项目，每期招募 15 名左右志愿者。通过专业培训，为在医院进行透析治疗与康复治疗的患者，提供专业的陪伴服务，了解患者所需、缓和患者在治疗中的痛苦，疏导患者情绪，给予他们医疗之外的精神支持，让他们能够以一种更加平和乐观的心态面对治疗。这种新模式的推出表明志愿服务与行业部门开展的工作紧密结合，进一步提升了大兴区志愿服务的专业性，推动了大兴区志愿服务项目库的建设。

第三节　搭建志愿服务全面推进平台

一、信息管理平台建设

大兴区志愿服务联合会运用"互联网+"思维，与"志愿云"的大数据有机衔接，建成志愿服务管理信息系统、微信公众号，让志愿者注册、参与项目、评价项目更加便捷。其一，大兴区志愿服务联合会依托"志愿北京"信息平台搭建志愿服务信息管理体系。截至

2018年10月，依托"志愿北京"平台，大兴区共有实名注册志愿者23.9万人，同比增长近10万人，占常住人口的16.4%，占比位居全市前列，其中党团员志愿者8.6万人，除未在统计之列的社区和组织，在册志愿服务团体2289支，同比增长1127支，数量众多、遍布城乡，初步形成了门类齐全、层次分明、覆盖广泛、功能较强的志愿服务组织体系。其二，在大兴区志愿新城创建一周年主题活动现场，"志愿大兴"微信平台正式上线，平台开通后将为志愿者们提供丰富多彩的志愿活动信息以及相关志愿服务项目等内容。

二、项目管理平台建设

2015年12月4日起，大兴区志愿服务联合会开始实施"志愿服务品牌项目支持计划"。计划每年在北京市大兴区扶持100个创新性、示范性志愿服务项目，以盘活基层志愿服务资源，促进基层志愿服务组织发展。大兴区志愿服务联合会不遗余力地对这100个项目予以资金支持和业务支持。在资金支持上，根据项目申报的总预算情况，该计划分为小微志愿服务之成长计划和小微志愿服务之发展计划，支持最高金额不超过3万元，最低金额不低于1千元，根据项目预算和答辩情况确定物资及资金支持范围；在业务支持上，大兴区志愿服务联合会将对所有获批项目提供培训指导、项目管理咨询、项目督导评估、信用积累等支持。

具体流程如下：

1. 组建评审专家委员会。评审专家委员会由大兴区志愿服务联合会、大兴区志愿服务专家咨询委员会、高校及政府有关部门专家、志愿者代表、媒体代表共同组成。

2. 项目初审。志愿服务组织提交项目申报书，评审委员会根据评审办法，通过审阅材料、观看影像资料等方式对申报项目进行初审，评选出 150 个左右优秀项目进入终审环节。

3. 项目优化。安排专家对入围终审的项目进行指导，经过优化完善后形成最终项目方案。

4. 项目终审。召开项目答辩评审会，进入终审的项目进行项目展示预答辩，按评分结果确定 100 个项目纳入大兴区志愿服务品牌项目支持计划。

5. 成果转化。项目运行结项后，召开年度"志愿服务品牌项目支持计划"总结分享会，梳理项目运行管理的经验和问题，编制项目成果集，将优秀项目在全市范围内进行推广。

三、文化传播平台建设

（一）建立组织化动员体系

所谓"组织化动员"，指一定的动员主体在特定环境中，通过组织的渠道，按照"自上而下"的扩展路径，运用舆论宣传、思想教育、利益诱导、任务分配、组织控制等方式使动员客体对动员主体产生组织认同，并激发、鼓动、促使或强制动员客体采取行动，去实现特定组织目标的行为和过程。① 大兴区志愿服务联合会推进党团员实名注册成为志愿者，让在职党员和团员发挥带头作用，参与志愿服务。鼓励行政机关、中小学生、驻军部队、企事业单位建立志愿服务队伍，通过组织化动员方式推动镇街志愿服务工作。

（二）定期开展主题志愿服务

大兴区志愿服务联合会将每月的5日定为"全民志愿日"，每月向全区发布一个志愿服务主题创意，在此项主题下，以微志愿为主，重点推广小微项目。至今，大兴区各镇街志愿者协会在大兴区志愿服务联合会的指导下已开展了"文明交通""文明游园""为'爱加艾减'做公益宣传""文明交通，引领风尚"等主题志愿服务活动。服务主题的确立，有利于及时将社会需求与志愿服务供给有效衔接，激活全区志愿服务力量，带动全区志愿服务的发展。

（三）加大志愿文化宣传力度

在大兴区政府的支持下，大兴区对志愿服务的宣传投入较大，各镇街道路路牌和文化墙上随处可见大兴区志愿服务文化标识，包括大兴区志愿服务联合会的会徽、大型活动志愿服务宣传标语和志愿者口号等，大兴区还陆续建立了志愿文化主题园和志愿服务博物馆，为营造更好的志愿服务文化氛围助力。

---

① 钟凯凯：《大学评估运动："组织化动员"的概念、特征与悖论》，《浙江社会科学》2012年第5期。

第三章　志愿兴城的体系构建

所谓体系构建指的是聚散为整，合理地把零散的东西联系在一起，组成一个整体，构成一个体系，便于整体研究。大兴区志愿服务联合会自成立以来，着重在"联"上发力，充分发挥了联合、联结、联动"三个联"的作用，有效整合了综治、社区、文化等志愿服务资源，使多部门多头管理在区志愿服务联合会的统筹下形成一个有机整体，使大兴区志愿服务事业在组织、队伍、项目、体制机制建设等方面都做出了许多喜人的成绩。大兴区"志愿新城"建设从体系构建之初就朝着科学化、规范化的方向发展，为构建宜居和谐的城区凝聚了强大合力。

第一节　夯实组织基础，构建组织化动员体系

近年来，大兴区整合各类资源，构建志愿服务组织体系，创新志愿服务载体，积极搭建群众喜闻乐见的参与平台，广泛开展学雷锋志

愿服务活动，使得志愿精神深入人心，吸引带动了越来越多的群众参与志愿服务，在全区掀起了志愿服务新高潮，夯实了"志愿新城"的组织基础。截至 2018 年 6 月，大兴区志愿服务团队数量为 6700个，相比 2015 年的 1015 个，增加了 5685 个。

一、建设区级志愿服务站点

（一）建立并完善枢纽型志愿服务组织

2015 年 8 月，大兴区将原来的区级青年志愿者协会规范提升为大兴区志愿服务联合会，并于 25 日隆重召开了大兴区志愿服务联合会第一次会员代表大会。大兴区志愿服务联合会是由自愿、无偿为社会提供志愿服务的志愿服务组织以及参加志愿服务组织的社会各界人士组成，是经大兴区民政局核准注册的非营利性社会团体法人，是联络、团结、凝聚本区行政区域内的各部门、各系统、各领域志愿服务组织的枢纽型社会组织。从联合会首批 177 名会员构成看，大兴区志愿服务联合会基本覆盖了社会各个领域，包括农村、社区、教育系统、卫生系统、驻区高校以及各类志愿服务队伍，充分体现了广泛性、代表性。在大兴区志愿服务联合会的指导和推动下，大兴区 22个镇、街层面的志愿服务协会全部成立，各部门、各村、社区、企业也建立和完善了一批志愿服务队伍，区、镇（街）、村（居）三级志愿服务组织体系已经基本建立并顺利运转。大兴区志愿服务联合会成立当天还发布了"志愿新城三年行动计划"，提出了"双百、双千、双万"工程（第一个"百、千、万"指的是实现大兴区域范围内"数百村居全覆盖，数千单位齐动员，数十万群众共参与"的格局；第二个"百、千、万"指的是打造大兴新区百名专业志愿管理人才，千支有活力的志愿服务队伍，万个深受欢迎的志愿服务品牌项目），加大了全区志愿服务资源的整合力度。

（二）挂牌命名区级志愿服务站

为了在全区弘扬"奉献、友爱、互助、进步"的志愿服务精神，传播"人人都是志愿者，处处可以做公益"的志愿服务理念，倡导形成良好社会风气，建立健全社会服务体系，促进和谐新区建设，大兴区根据居民实际需求，挂牌命名了一批区级学雷锋志愿服务站。学雷锋志愿服务站的设立有利于深入开展符合实际、贴近民生的志愿服务活动，引导辖区居民、职工、学生、社会组织等积极参与志愿服务，大力宣传志愿精神，以爱心互助共创美好生活，提升公共文明幸福指数。截至2018年10月，大兴区共建立首都学雷锋志愿服务站25个，其中首都学雷锋志愿服务示范站11个；建立首都学雷锋志愿服务岗15个，其中首都学雷锋志愿服务示范岗9个。

（三）稳步推进志愿服务阵地建设

为了强化阵地建设，解决志愿服务项目供需对接问题，大兴区志愿服务联合会、大兴区团委决定以共青团基层阵地为依托，发挥基层团组织在志愿新城建设中的积极作用，计划用三年左右的时间建立一批社区志愿服务站，由社区团支部书记任站长，负责基层社区志愿者实名注册、计时、保险和项目对接等工作，并将志愿服务经理人、品牌志愿服务项目与基层需求对接，推进志愿社区建设，逐步打造典型"志愿家庭——志愿社区——志愿镇街"的生态圈。比如大兴区首家社区志愿服务站——大兴区清源街道枣园社区志愿服务站。据了解，枣园社区自2002年成立居委会以来，已有四个社会组织在民政部门备案；除此之外，社区还活跃着6支志愿者队伍，共有志愿者1276人，为辖区居民提供义务缝纫、义务理发、亲情陪伴、牵挂问询、看护课后学生等13项志愿服务项目，得到社区居民和学生家长的高度认可。其中枣园社区的爱心4：30志愿服务项目作为佼佼者，成功入围大兴区2016年志愿服务品牌项目100强。同年，大兴区团委借助志愿服务站的职能，促成两个尚未落地的志愿服务品牌项目——滨河西里北区社区居委会的"小小少年俱乐部"志愿服务项目、大兴区清源街道志愿服务协会的"志愿服务快递到您家"志愿服务项目与枣园社区志愿服务站签订合作协议。几年来，枣园社区以创建具有枣园特色的学习型、服务型和谐社区为目标，大力开展"志愿社区"的全面建设，在满足居民物质需求的基础上继续满足日益增长的精神需求，形成物质文明与精神文明建设协调发展的良好局面。

志愿服务站作为社区志愿服务阵地，在志愿者实名注册、计时、保险和项目对接等方面发挥着积极作用。大兴区又逐步整合已有的志愿服务工作阵地，结合重点项目、重点场所逐步推进区级志愿服务岗、志愿服务重点岗、志愿服务旗舰站三级阵地建设，形成点、线、面结合的志愿新城工作格局，将社区志愿服务站打造成为大兴区的地标和名片。同时借助这一阵地，将志愿家庭、志愿项目、志愿经理人、志愿服务主题日活动等多种志愿要素进行有效整合，发挥最大合力，推动志愿社区建设，最终形成"志愿家庭——志愿社区——志愿镇街"生态圈，让参与志愿服务成为居民所喜闻乐见的生活方式之一，为志愿新城建设助力。

二、发展志愿服务理事单位

为了动员更多的社会力量，保证各行各业都能参与志愿新城建设，大兴区广泛吸收其他区县的先进做法，充分发挥大兴区志愿服务联合会的统筹协调作用，积极发展志愿服务理事单位，切实扩大了志愿新城的影响力和号召力。

（一）精心筹划，广泛组织动员

为拓宽大兴区志愿服务的覆盖面，大兴区志愿服务联合会在筹备之初，就建立了专门的工作领导小组，与各镇街、区直各单位及驻区高校进行了积极沟通，对各单位志愿服务优势资源和基本情况进行摸底。大兴区通过采取席位制分配的方式，组成了大兴区志愿服务联合会第一次会员代表大会代表和联合会常务理事、理事、监事、代表人选。（如图2-2所示）大兴区志愿服务联合会会长由区委常委、宣传部部长担任；大兴区文明办、大兴团区委、大兴区委社会工委、大兴区民政局、大兴区综治办五家单位的主要领导作为常务理事人选，同时为副会长人选；常务理事还包括了这五家单位负责志愿服务工作的主管领导、驻区高校代表、在区内影响较大的社会组织代表等；各区直单位、镇街、公安、教育、卫生、驻区高校等单位的主管领导被邀请成为大兴区志愿服务联合会的理事，这些单位负责志愿服务工作的工作人员作为会员代表也纳入大兴区志愿服务联合会的大家庭中。同时，根据组织的属性和影响力，大兴区学雷锋志愿者服务队、大兴区社会组织联合会、大兴区社会工委的主要负责同志被邀请作为联合会的监事人选。

（二）因时而变，灵活增删理事

《大兴区志愿服务联合会章程》规定："理事会是会员代表大会的执行机构，在会员代表大会闭会期间领导本会开展日常工作，对会员代表大会负责。其职责主要有以下几方面，（一）执行会员代表大会的决议；（二）选举和罢免会长、常务副会长、副会长、秘书长；（三）筹备召开会员代表大会；（四）向会员代表大会报告工作和财务状况；（五）决定会员的吸收或除名；（六）决定办事机构、分支机构、代表机构和实体机构的设立、变更和注销；（七）决定副秘书长、各机构主要负责人的聘任；（八）领导本会各机构开展工作；（九）制定内部管理制度；（十）决定其他重大事项。"在志愿服务事业发展的历程中，志愿服务组织的进入和退出也是常态。大兴区志愿服务联合会根据实际需要，每年都会对志愿服务理事单位进行筛查、对志愿服务理事进行增删。在志愿服务联合会成立之初，各区直单位都被纳入志愿服务事业中，然而随着实际工作的开展，一些单位由于暂时并没有相关的业务开展，就选择了退出，比如大兴区供销社、星城商厦等。同时，随着大兴区志愿服务事业的蓬勃发展，新的一批社会组织和企业都投入志愿新城的建设中来，成为大兴区志愿服务联合会理事单位新成员，如大兴区企业志愿服务协会、耕耘公益服务中心、早教协会等。

（三）加强沟通，及时总结提升

对一个组织而言，良好的沟通能够使成员认清形势，使决策更加有理、有效，有助于建立组织共同的愿景。大兴区志愿新城的建设不是一朝一夕就可以完成的，它是一个系统工程，需要组织协调各方资源才可以实现。因此，加强沟通，及时总结提升，就成为组织体系管理中非常重要的一环。大兴区志愿服务联合会在建立之初，就对全区进行了广泛调研，对各级各类组织都进行了摸排汇总，查找出了工作的短板，总结提炼出了特色和优势。志愿服务联合会成立之后，大兴区志愿服务常务理事会及扩大会议为引领志愿服务工作的常态，会议就志愿服务工作的重要时间节点、重大事件安排、志愿新城的整体规划等内容进行商议协定、总结提升、有序推动。此外，经常召开志愿服务协调会、总结大会、推动会等，其目的就是以积极主动的姿态，认真细致、快速有效地推进各项志愿服务工作，确保志愿服务事业稳步推进、志愿新城早日建成。

三、突出镇街志愿服务特色

大兴的志愿服务也与各镇街的特色紧密相连，形成了许多风格迥异、特色明显的志愿镇街。其中，在志愿服务项目基础较好的镇街，如清源街道、高米店街道、兴丰街道、博兴街道等，形成了以"邻里守望"为典型的志愿街道，这些街道以各个社区为抓手，以居民的需求为出发点，开发了许多解决居民生活实际困难的志愿服务项目，在社区内形成了良好的社会影响。在大型活动举办频繁的镇街，如西红门镇（设计节）、庞各庄镇（西瓜节、梨花节）、魏善庄镇（月季洲际大会、半程马拉松）等就以各自的大型活动为中心，形成了以"大型活动志愿服务"引领为典型的志愿镇街。在环境优美、物质文化资源丰富的地区，就形成了以"文明活动"指导为典型的志愿镇街，如时尚影视小镇（西红门、瀛海）、湿地生态小镇（长子营），这些镇街依托各自的公园、景点等特色资源，重点开展文明游园、文明劝导、文明指引等志愿服务项目，大大满足了广大游客的现实需要。在农产品资源丰富、资源特色明显的地区，就形成了以"志愿解说"为典型的志愿镇街，如温泉葡萄小镇（采育）、美食购物小镇（青云店）、御林古桑小镇（安定）等，这些镇街以各自的农产品特色为中心，重点向人们解说展示各自的农产品及文化衍生品，大大提高了本区域的品牌影响力。在未来，依托新机场建设，森林航空小镇（榆垡、礼贤）必将形成以"机场服务"为特色的志愿服务项目，让人们在下飞机的那一刻就能感受到志愿新城的魅力，感受到大兴人民的热情。

第二节　壮大志愿者队伍，实现
社会化参与体系

志愿服务作为创新社会治理、激发社会活力的重要途径，是汇集社会资源、扩大社会参与、维护社会稳定、促进社会和谐的重要力量。经过近些年的发展，大兴区志愿服务的知晓率越来越高，社会参与度越来越高，志愿服务队伍越来越壮大，志愿新城的影响力也越来越显著。在壮大志愿服务队伍、扩大社会参与方面，大兴区积累了大量经验，打造了志愿兴城建设最坚实的队伍根基。

一、充分发挥党团员的先锋模范带头作用

为深入贯彻落实中共北京市委组织部等 6 部门联合印发的《关于组织全市共产党员、共青团员积极参加学雷锋志愿服务的实施意见》和共青团中央《关于推进团员成员注册志愿者的意见》的要求，大兴区以"两学一做"专题教育为契机，以"在职党员进社区"和"双百双千"城乡共建活动为载体，以党支部为志愿单元，在党团员队伍中启动了众多志愿服务项目。这些项目充分发挥了党团员的模范带头作用，为创建志愿新城、建设宜居宜业和谐新区提供坚强的组织保障。

（一）党政领导带头示范

党的根本宗旨就是全心全意为人民服务，"奉献、友爱、互助、进步"的志愿服务精神的落脚点也是服务，显然可以成为党员干部应有的情操、品格修养和理想追求。积极加入志愿服务组织，热心参与志愿服务事业，坚定不移地践行志愿服务精神，广大党员干部、各级党政领导既责无旁贷、当仁不让，也是践行宗旨、理念的应有实际行动。[①] 大兴区自提出建设"志愿新城"以来，党政领导干部就从政策、资金、人员等方面给予了莫大支持，同时还身体力行，带头参与志愿服务活动，在全区营造了良好的志愿服务氛围，弘扬和传播了志愿服务精神。如2017年3月，时任大兴区委书记、开发区工委书记的谈绪祥同志一行纷纷走进一线，参与到志愿服务活动中来。

（二）党员服务月重点推动

2016年6月，大兴区委组织、区委宣传部、区文明办、团区委联合发布了《关于开展党员志愿服务活动的通知》，明确要求全体党员以"让党性在志愿服务中闪光"为主题，每年7月为集中活动月，并结合每月5日"全民志愿日"主题以及相关节点开展常态化志愿服务活动。服务内容紧密围绕区委区政府中心工作、社会需求、群众需要，充分依托行业特点和工作特点，因地制宜地开展社会认可、群众欢迎的志愿服务活动。活动自开展以来，受到了广大党团员的积极响应，他们结合自身行业特点和群众需求，开展了政策宣讲、医疗健

[①] 《党员干部要做志愿服务事业引领者》，2016年7月12日，见中国文明网，http: //www. wenming. cn/wmpl_ pd/msss/201607/t20160712_ 3515022. shtml。

康、就业培训、环境整治、扶贫帮困、便民利民等志愿服务行动，为大兴区志愿服务事业增添了红色色彩，为大兴区居民送去了红色温暖。

（三）在职党员进社区常态化运行

共产党员先进性的本质属性就是要始终走在群众前列、走在时代前列，具备较高的思想境界、良好的精神风貌和优秀的道德修养，并且在品质、能力和行为等方面得到具体体现。这决定了广大党员干部要发挥模范带头作用，做志愿服务事业的引领者。党员干部有责任为群众做好示范、当好表率、树好标杆，使之不断发扬光大。① 2018年，北京市委组织部印发了《关于进一步做好基层党组织和在职党员"双报到"工作的通知》，大兴区积极响应，充分利用社区党员服务站的桥梁作用，以志愿服务为载体，开展了众多以社区党员为志愿者主体的志愿服务项目，比如兴政西里社区在职党员、在册党员及志愿者60余人参加了"美化社区、净我家园——林校路街道在职党员在行动"活动。党员志愿者对辖区内卫生死角的白色垃圾、生活杂物、砖头进行了捡拾和清理，对干枯的杂草和枯枝进行了割除，将收集的垃圾杂草等进行了妥善的处理，并在清理出来的空地上种植了月季。此次活动，不仅美化了社区，给社区居民营造了一个良好的卫生环境，又进一步创新联系群众服务群众的途径，增强了服务的针对性和实效性。

---

① 《党员干部要做志愿服务事业引领者》，2016 年 7 月 12 日，见中国文明网，http://www. wenming. cn/wmpl_ pd/msss/201607/t20160712_ 3515022. shtml。

二、推广"志愿家庭"行动计划

2016 年，大兴团区委联合区教委启动了"志愿家庭"行动计划，旨在倡导大家积极参与以家庭为单位的志愿服务活动，让志愿服务成为新区居民家庭的一种生活方式。以中小学生社会实践为载体，通过"小手拉大手"，推动志愿家庭建设，扩大志愿服务参与度，营造"人人都是志愿者、处处可以做善事"的浓厚氛围。

（一）"志愿家庭"的启动

2015 年，北京市志愿服务联合会联合相关部门和单位共同发文，积极进行"志愿家庭"工作体制和机制建设：与市妇联、首都文明办、市委社会工委等联合下发《关于推进北京妇女儿童家庭志愿服务工作的意见》，与市教委、市民政局、团市委等部门联合下发《关于北京市中小学开展志愿服务工作的意见》，推动"志愿家庭"行动计划进校园、进社区。为了积极响应上级工作要求，2016 年 3 月 4 日，大兴区在少年宫剧场召开了以"新区爱绽放，志愿一家亲"为主题的大兴区 2016 年"志愿家庭"行动计划启动式暨"我与月季共成长"项目发布活动，即通过发布"我与月季共成长"红领巾志愿家庭项目，以全区少先队员为主体，通过"1+N"的形式，由 1 个孩子带着 1 个、2 个或多个家人参与志愿服务。孩子与父母共同学习月季知识，参与月季种植，分享月季花成长的点滴，不断向队员传播顽强拼搏，追求阳光与美好的正能量，并将月季元素、月季精神及月季文化渗透到大兴的各个领域；家庭成员在志愿服务实践中感受和践行志愿精神，形成向上向善的家风，为家庭和睦、社会和谐奠定坚实基础。

（二）"志愿家庭"的在线注册

为了给"志愿家庭"提供更好的服务，鼓励更多家庭参与志愿服务，大兴区借鉴了北京市关于志愿家庭网上注册的流程，进行了志愿家庭网上注册管理工作，通过注册，对志愿家庭的活动给予留存，并对其志愿服务时长进行记录，同时还享受注册平台为志愿家庭提供的各项保障，方便之后活动的规范化管理和运行。

（三）"志愿家庭"的运行发展

自志愿家庭行动启动以来，志愿家庭通过走进敬老院、走进残障机构、走进社区、走进自闭症儿童……在全区营造了良好的志愿服务氛围，成为大兴区志愿服务事业的一大亮点。"志愿家庭"的运行发展特点主要包括：一是加强业务培训，扩大服务范围。2016 年 3 月22 日，大兴区少工委成功举行了大兴区红领巾志愿家庭网络注册培训活动。直属、中心校大队辅导员和少先队员代表共 150 余人一同参加了此次培训活动。心飞扬大兴志愿服务队对全体师生进行了"志愿北京"网络平台注册培训，向大家介绍了志愿者、志愿家庭和志愿团体的网络注册流程及使用方法。自"志愿家庭"行动启动以来，截至 2018 年 10 月，全区共注册大兴区红领巾志愿家庭 7579 个、注册志愿服务队 59 个，志愿家庭通过走进敬老院、走进残障机构、走进社区、走进自闭症儿童等方式参与各类志愿服务活动，涌现出一批批优秀的志愿者、志愿家庭、志愿服务集体。二是借助重大节庆日，丰富志愿服务内容。在重大节日期间，由团区委牵头，志愿家庭积极与社区、养老院、图书馆等机构开展联系，开展了亲情陪护、文艺联欢、提升文化水平等形式多样的志愿服务活动，全方位助推了志愿家庭的成长。同时，借助志愿主题日活动内容，广泛开展了志愿服务。如大兴区 2016 年 8 月的主题是"暑期微公益，志愿我先行"，全区各镇街志愿服务协会、志愿家庭组织均开展了 20 余次志愿活动，大大提升了志愿家庭的影响力和活动氛围。三是组织开展重点活动，增强志愿服务影响力。基于良好的发展态势，区少工委在大兴区志愿服务联合会的指导下，联合区文明办、团区委、区月季办、区教委等单位组织开展"我与月季共成长"志愿家庭主题系列志愿服务活动，发动区内少先队员、共青团员、青少年学生，广泛参与学习月季种植，分享成长心得，通过宣讲月季故事、展示月季文化等方式传播月季知识，弘扬月季精神。此系列活动为期一年，活动内容包括"月季进我家，全家齐参与""月季进校园，志愿我先行""月季勇士""月季仙子""志愿家庭"评选等。四是依托大型活动，提升志愿服务水平。2016 年世界月季洲际大会召开期间，30 余个志愿家庭积极参与月季大会志愿服务保障工作，这也是全市志愿家庭首次参与志愿服务保障工作，实现了志愿服务领域的新拓展。此外，大兴区教育团工委先后组织魏善庄中学、大兴五中、北师大大兴附中等 20 多所学校的 100 多名师生为世界月季洲际大会进行了服务。

三、充分发挥"五老志愿者队伍"优势

"五老志愿者队伍"隶属于中国关心下一代委员会，由离退休老干部、老战士、老教授、老专家、老模范组成。大兴区依托区镇（街道）两级关工委，建立五老志愿者队伍 27 个，招募五老志愿者 3000 余名。他们以志愿服务为载体，在核心价值观建设和未成年人思想道德建设等方面开展服务，为大兴区形成普遍参与关心下一代工作的局面开创了新的领域。

（一）组建关心下一代志愿团

大兴区关工委作为大兴区志愿服务联合会的理事单位，在大兴区志愿服务联合会建立和"志愿新城"建设过程中积极响应、认真对待，充分发挥自身的优势为"志愿兴城"建设助力。2015 年，大兴区关工委组建了关心下一代志愿团，这支队伍由一个队（学雷锋志愿服务队）、两个分团（老教师分团、老战士分团）、两个专家组（家庭教育专家组、帮教工作专家组）组成。他们利用自身的专业特长，结合区内外重大事件，为大兴区的志愿服务事业作出了突出贡献。

（二）发挥"五老"特长，积极开展志愿服务

一是实施"五老关爱帮扶工程"，开展针对困难青少年的活动，组织"五老"志愿者为困难青少年提供学习和生活上的帮助。参加区司法局、区检察院、区法院帮教转化不良行为青少年、关爱服刑人员未成年子女等志愿服务工作。二是开展"老少携手学雷锋"活动。

组建学雷锋志愿服务队，采取传帮带的形式，每季度开展一次"老少携手学雷锋　同心共祝中国梦"公益活动。编辑出版《咱大兴的雷锋们》一书，发到广大中小学学生手中，引导青少年学雷锋树新风。三是做好"志愿大兴"巡展工作，促进新区志愿服务建设。结合重要时间节点，做好巡展计划、展出、拓展活动各环节工作。利用好展板、彩页、光盘等形式开展巡展活动。让中小学生了解志愿服务理念，投身到志愿服务中来，引领中小学生健康成长。

四、成立大兴区应急志愿服务指导中心和区级应急志愿者之家

应急志愿者队伍作为大兴区应急队伍体系的重要组成部分，是防范和应对突发事件的重要力量，是做好新形势下应急管理工作的重要举措。2018 年 4 月，大兴区成立大兴区应急志愿服务指导中心和区级应急志愿者之家，整合区内 10 余支应急志愿服务队伍，开展专业培训指导，形成防、救、治相结合的应急工作新模式。

五、建立大兴区志愿服务文化推广师团队

为了更好地传播志愿服务理念、宣传大兴区志愿服务典型、展示大兴区"志愿新城"建设成果，大兴区依托活跃媒体资源，建立了大兴区志愿服务文化推广师团队，培育了一批有影响力的"宣传志

愿者的志愿者团队",充实了大兴区志愿服务经理人队伍。他们的工作内容主要是传播志愿服务理念、宣传大兴区志愿服务典型、展示大兴区"志愿新城"建设成果。在对志愿服务文化推广师团队管理中,规定了团队权利和团队义务主要有以下几方面:

一是关于团队权利。1. 免费观影及看话剧等福利;2. 享受工会的部分福利;3. 免费参与大兴辖区内各个志愿服务阵地活动;4. 优先享受五星志愿者的福利待遇;5. 区内大型志愿活动优先宣传报道;6. 区内志愿活动集中展示时设置展台,向领导及新区居民宣传自己;7. 工作群内信息可根据自身情况进行适当调整,优先使用。

二是关于团队义务。1. 及时报送新闻。自媒体平台推送消息后,转发至工作群中,区志联工作人员将进行统计,在年底将根据各团队发稿数量及稿件质量进行评选,并发放相关奖励;2. 坚持实事求是的原则,报道内容真实可靠,如实反映客观情况,事例、数据要准确,避免语病、错别字等错误,区内重大活动报道需由区志联校稿;3. 坚持全面深刻的原则,针对区志联发布的信息线索,可结合媒体自身特色,进行适当拓展,多领域、多角度、多渠道掌握全面材料,反映事实尽量全面、完整、有深度;4. 高度认同志愿文化,坚持正确的宣传导向,紧紧把握区内工作重点,将志愿服务与区中心工作相结合进行宣传报道。

目前,大兴区志愿服务文化推广师团队成员包括大兴区委宣传部负责人、大兴团区委宣传部负责人、"北京大兴"App 负责人及编辑、《大兴社会组织》编辑、"加勒比亲子育儿平台"负责人及编辑、

"城市新生活 | 大兴在线"负责人、《北青社区报》大兴版社长、"我是大兴人"负责人、"大兴土著"负责人、《大兴报》记者、"大兴这些事儿"负责人、北京交通运输职业学院红十字会秘书长。这些人员基本囊括了大兴区最重要的宣传平台和宣传途径，他们的加入为大兴区"志愿新城"建设造好了声势，发出了正能量声音，在他们的广泛带动下，志愿兴城的步伐越走越坚定。

第三节　围绕中心工作，促进
常态化发展体系

志愿服务是创新社会治理的有效途径，是培育和践行社会主义核心价值观的有力抓手，是加强新形势下群众性精神文明建设的生动实践。大兴区紧紧抓住志愿服务的这一特点，围绕中心工作，将志愿服务广泛嵌入政府治理、社会发展之中，切实推动志愿服务的常态化运行，使之在精神文明、文化推广、城市治理、环境秩序、社会服务上都发挥了积极作用。

一、启动"全民志愿日"活动

为了推进大兴区志愿服务常态化运行，2016 年，大兴区志愿服务联合会结合新机场开工建设、京津冀一体化、世界月季洲际大会等新的工作机遇，抓方向、抓重点、抓落实，扎实推进志愿新城建设，以文件的形式将每月5日定为"全民志愿日"，号召全区各单位、各组织以微志愿为主，重点推广小微项目。如2018年1月的推广主题是双节送温暖，爱心在传递；2月的主题是志愿送温暖，祥和过春节；3月的主题是爱满大兴，学雷锋我们在行动；4月的主题是植绿护绿、清洁空气、大兴志愿者在行动；5月的主题是放飞青春梦想、助力大兴发展，青年志愿者在行动；6月的主题是参与小巷管家志愿服务，助力街巷环境整治提升……

大兴区每个月的"全民志愿日"都与当月的重点工作相结合，号召区内各单位或组织开展与此主题相关的志愿服务活动，一方面可以将重点工作以志愿服务的形式辅助完成，将生硬的行政指令转化成柔和趋缓的参与形式，不仅可以拉近与居民的距离，而且也提升了活动效果，增强了活动的吸引力和影响力。另一方面在全区营造了人人为我、我为人人的良好志愿氛围，提升了大兴区的整体精神风貌，推动形成了文明有礼的社会风尚，为文明城市的创建奠定了坚实基础。

二、传播志愿服务文化

"十三五"时期是我国全面建成小康社会的决胜阶段，加强志愿服务文化建设，对于促进文化事业繁荣发展，传播先进文化，提高社会文明程度，具有重要意义。大兴区紧紧抓住2016世界月季洲际大会在新区召开这一有利契机，利用现代化的传播手段，开辟多元化传播途径，广泛传播志愿精神，倡导志愿服务人人可为、处处可为、时时可为、事事可为，推动志愿服务走进家庭、走进社区、走进生活。

（一）广泛征集区志联会徽和口号

大兴区志愿服务联合会成立之后，为了扩大志愿服务的影响力和号召力，向社会公众征集推选大兴区志愿服务联合会会徽和口号，经过业内专家评选和群众网络投票，在270余件原创作品中最终确定了大兴区志愿服务联合会的会徽和10条志愿服务口号（会徽及其设计理念以及志愿服务口号详见本书第二章第二节，此处略），用以宣传大兴区的志愿服务文化。

2016年12月4日，在第31个"国际志愿者日"来临前夕，大兴区启动了"一起来，志愿兴"志愿新城创建一周年主题活动，在会上正式发布了"一起来，志愿兴"的服务口号，进一步增强了市民参与度和对志愿服务的认同感。这一口号凝结了大兴区对志愿新城的创建期待，表达了对志愿服务事业的无比热爱，有广泛的示范引领作用，对全区形成"人人都是志愿者 处处可以做善事"的志愿服务氛围起到了重要的带动作用，是对大兴区志愿服务文化的高度概括和总结。

（二）定期举办志愿服务展览

2015年，经过前期与中国志愿服务联合会的沟通交流，"邻里守望情，志愿中国行"志愿服务主题展大兴巡展作为南海子文化节组成部分在魏善庄镇纳波湾月季园启动。展览分为"蓬勃发展的中国志愿服务事业""邻里守望、时代音符""打造品牌、引领发展"

"培育特色、提升质量""榜样力量、感动中国""结对帮扶、相助久久""同心协力、行善立德""邻里流暖、涌动大兴"八大展区，鲜活、生动地展示了"邻里守望"志愿服务开展以来各地取得的优秀成果。各镇、街道志愿者骨干、全区中小学生代表、驻区高校志愿者代表、社区青年汇志愿者骨干、新区各类优秀志愿服务组织和志愿者骨干等1600余人观看了本次展览。这有利于在大兴区营造出一种从关爱做起、从身边做起、从你我做起、从日常做起的良好志愿服务氛围。

自此之后，每年在3·5学雷锋志愿服务日和12·5国际志愿者日前后，大兴区都会定期举办志愿服务展览，用以宣传志愿服务文化，扩大志愿兴城影响力。2016年，在3月5日学雷锋志愿服务日之际，大兴区利用"学雷锋、迎盛会、展风采暨2016世界月季洲际大会志愿服务启动大会"的活动契机，在纳波湾月季园举办了大兴区志愿服务成果展，从组织架构、队伍、项目、文化等方面展示了大兴区志愿服务成果，吸引了众多市民的关注和参与。2016年12月5日，在"一起来，志愿兴"大兴区志愿新城创建一周年主题活动之际，大兴区也以志愿服务项目展示的形式，将大兴区志愿新城的建设成果进行了展示。通过志愿服务文化展览，扩大了大兴区志愿服务的影响力和覆盖面，提高了志愿新城的知晓率和参与度，推动了志愿服务的常态化、深入化开展，引领广大居民群众走进了志愿服务世界，聆听了志愿服务声音，融入了志愿服务大家庭。

（三）树立志愿服务优秀典型

评选身边的志愿服务优秀典型和榜样人物，大力开展学习宣传活动，不仅是精神文明建设工作的重要载体，更是加强大兴区道德建设，推进志愿新城建设的重要举措。"志愿兴城三年行动计划"实施以来，大兴区涌现出了一批又一批的优秀志愿服务典型，成为大兴区最美的文化名牌，引领带动着志愿新城建设。自2015年以来，大兴区每年都会在3·5学雷锋志愿者日和12·5日国际志愿者日纪念活动上，评选表彰"十佳志愿者""青年公益榜样""四个10学雷锋先进典型"即"10个最美志愿者""10个最佳志愿服务组织""10个最佳志愿服务项目""10个最美志愿服务社区活动"，并对其先进事迹进行广泛宣传，充分发挥其引领带动作用，吸引更多的人参与到志愿新城建设中来。

（四）广泛传播志愿服务文化

在区委、区政府的文化引领下，大兴区以志愿新城建设为目标、以创新志愿服务传播手段，加大志愿服务文化传播力度，用先进的文化力量感召更多的人参与到志愿服务中来，将"一起来，志愿兴"的志愿服务理念贯穿到了志愿新城建设的全过程。一是制作志愿服务文化墙。大兴区委宣传部带头，各镇街积极响应，利用墙头街面的宣传空间，广泛制作志愿服务文化宣传墙，扩大志愿服务的影响力和覆盖面。二是设计制作"大兴志愿者"系列服装、志愿者水壶、背包、星级志愿者徽章、宣传海报等一批志愿服务文化衍生品，扩大志愿服务影响。三是积极投放志愿文化广告，公益广告占全面支出经费比例不低于10%，充分利用志愿新城门户网站、"青年大兴"微信及相关App平台广泛宣传志愿新城建设，在全区营造"人人为我、我为人人"的良好氛围。四是用志愿服务纪录片、志愿快闪、志愿故事宣讲等形式展示工作成果，制作"志愿家庭"宣传片、2016世界月季洲际大会志愿者宣传短片、大兴区志愿新城创建工作宣传片等，以民众乐于接受的形式宣传大兴区的志愿服务工作，记录"志愿兴城"建设步伐，传播志愿服务理念。五是完成志愿服务成果转化工作，制作"美丽志愿、盛放大兴"2016世界月季洲际大会志愿者工作剪影、制作"行善立德、志愿新城"画册、编纂《志愿服务品牌项目风采录》《志愿服务精彩瞬间》《优秀志愿者故事》等系列丛书，用最平实的语言记录志愿新城建设中最平凡的故事，用最简单的影片剪辑志愿路上最美的你，用最无华的形式纪念志愿兴城建设中的点滴，用最平易近人的方法将这些文化理念传送到志愿者心里，使"志愿兴城"建设永葆青春活力。

三、开展大型活动志愿服务

大型活动的成功举办对于推动志愿服务事业繁荣、培育城市精神和树立城市形象都具有非常重要的推动作用，大兴区自实施"志愿新城"建设以来，广大青年志愿者踊跃参与，尤其在大型活动志愿者保障活动中，到处都可以看到他们的身影，为大兴的志愿服务历史增添了青春的活力，描绘了美好的未来。

（一）区域特色大型活动志愿服务

结合特色文化地理优势，大兴区本地有许多地域特色大型活动，吸引了众多市民的热情参与。为了节约成本，为赛会提供周到的服务，增亮大型活动底色，早在多年前，大兴志愿者就参与到大型活动的具体管理和服务中，有效提升了大兴区的城市形象，为"大兴印象"增加了许多亮点和感动。如在"美丽乡村行""西瓜节""梨花节""邻里节"等区域特色大型活动中，到处都可以看到志愿者的身影，他们不计报酬、不图回报、自愿奉献，在全区营造了热烈、浓厚的志愿服务氛围，将大兴热情好客的印象传递到祖国的四面八方。

（二）2016 年世界月季洲际大会志愿服务

如果说 2008 年的奥运会是北京市志愿服务全面蓬勃发展的机遇，那么 2016 世界月季洲际大会对于大兴区来说，也起到了同样的效果。据统计，在 2016 世界月季洲际大会志愿服务保障工作中，参与服务的志愿者总人数 1945 人，志愿者参与服务 5900 余人次，核心志愿者岗位 306 个，服务国内外嘉宾及游客 30000 余人次。志愿者的表现得到了与会嘉宾和领导的高度赞扬。通过这次活动，大兴区志愿事业也迎来了前所未有的发展机遇，其影响力也在逐步扩大。其间，中国志愿服务联合会会长刘淇及其他领导多次到大兴区视察志愿服务工作，并对大兴区的志愿服务工作给予了高度肯定。同时邀请时任大兴区委常委、宣传部部长、大兴区志愿服务联合会会长沈洁同志代表大兴区在全国学雷锋志愿服务工作座谈会上作了典型发言，大兴区由此被确定为全国第二批"志愿之城"试点单位，极大地鼓舞了大兴区建设志愿新城的热情。

"通过一次月季盛会，留下一座志愿新城"是这次大型活动举办之初的预定目标，目的就是让"予人玫瑰、手有余香"的志愿服务理念在大兴区生根发芽，传承并将之发扬光大。通过这次盛会的效果来看，这一目标基本实现：首先，志愿者注册人数得到了大幅增长，许多志愿者通过参与这次盛会了解了月季、了解了大兴、更了解了志愿新城。其次，志愿服务理念得到了很好的传播。"人人都是志愿者 处处可以做善事""全民志愿 好人满城""志愿传递文明，服务成就精彩""快乐志愿，随手公益"等志愿服务口号通过这次盛会，在大兴街头巷尾广泛传播着，让每一个来到大兴的人都能感受到志愿者给予的家一般的温暖。最后，志愿服务项目运行管理机制更加科学规范。从最开始的志愿服务需求调研、项目设计、宣传动员，发展到实名注册、人员招募、培训上岗，再到对接支持、服务保障、嘉许回馈，最后到评估评价、纪录计时、成果转化，大兴区的志愿服务项目管理逐渐走上了科学化、规范化的道路。

（三）其他大型活动志愿服务

截至 2018 年 10 月，大兴团区委共组织 10000 余名青年志愿者为共和国部长义务植树活动、首届都市休闲论坛、北京月季文化节、"花绘北京·悦跑大兴"半程马拉松、"樱花之约"双创活动、生态文明教育公园开园、中国设计节、烈士纪念日等大型活动提供志愿服务保障工作，青年志愿者的表现也得到了与会嘉宾和领导的高度赞扬，成为大兴区"志愿新城"建设最美的代言。

四、行业引领，推进志愿新城建设

为了增强各部门、各行业在志愿新城建设中的重要作用，广泛动员群众通过志愿服务参与行业治理，促进社会治理创新，以"行业+志愿服务"的模式推动新区志愿服务事业发展，大兴区经过反复探讨和磋商，实施了《大兴区行业引领促进志愿服务发展实施方案》。

（一）"行业+志愿服务"模式的提出

2016 年 9 月，大兴区志愿服务联合会五家副会长单位联合下发了《大兴区行业引领促进志愿服务发展实施方案》，通过探索"行业+志愿服务"的模式，整合各方面资源，发挥职能部门优势，发动群众以志愿服务形式参与社会治理，促进部门行业工作齐抓共管，同时充分发挥群众主体作用与基层志愿服务组织有机结合，引导各镇、街道、村、社区等基层单位积极创新，培育典型、形成品牌，广泛参与常态化志愿服务项目运行，形成点、线、面相结合的志愿新城工作格局。

（二）"行业+志愿服务"模式的发展

自"行业+志愿服务"方案实施以来，各相关部门、行业充分发挥专业优势，统筹联动本部门垂直体系。卫生、交通、法治、环保、环境、综治、旅游、文化、安全、教育十大行业积极开展志愿服务工作，将志愿服务作为他们工作内容之一，有效提升自身社会治理能力。截至 2018 年，大兴区已有"行业+志愿服务"队伍 73 个，常态化运行

"行业+志愿服务"项目200余个，让志愿服务实现从量变到质变，让志愿服务成为行业部门开展工作的有力抓手。其中常态化运行的"文明交通我先行"活动就是"行业+志愿服务"的很好尝试。

第四节　推进"双百"工程，培育品牌化运作体系

根据志愿新城三年行动计划的总体部署和要求，"双百工程"正式启动。所谓"双百工程"指的是在志愿兴城建设过程中，每年打造一百名志愿服务经理人和一百个志愿服务品牌项目，用于指导和带动大兴区志愿服务事业的发展，为志愿新城建设增光添彩。在实际操作层面，具体采取了如下措施：

一、推进品牌志愿服务项目支持计划

（一）志愿服务品牌项目的提出

按照"服务对象所需、志愿者所能"的原则，志愿新城三年行动计划提出后，大兴区志愿服务联合会自2016年开始实施志愿服务品牌项目支持计划，目的是通过项目资金、物资资助、培训指导、管理咨询、督导评估等方式扶持100个创新性、示范性志愿服务项目，总结推广项目创新和项目管理经验，进一步完善志愿服务项目开发管

理机制，实现志愿服务供需对接，支持基层志愿服务组织发展，促进基层志愿服务组织工作方式和制度创新。

（二）志愿服务品牌项目的运行

志愿服务品牌项目支持项目计划启动后，所有在大兴区志愿服务联合会信息平台中注册的二级、三级及以下志愿团体都可以根据社会需求和实际运行条件进行项目申报。之后，由大兴区志愿服务联合会、大兴区志愿服务专家咨询委员会、高校及政府有关部门专家、志愿者代表、媒体代表共同组成的评审专家委员会通过审阅材料、观看影像资料等方式对申报项目进行初审，评选出 100 个左右优秀项目进入立项环节。给予初审通过的项目一部分经费作为项目试运行经费。接着，安排项目评审专家对立项入围的项目进行指导，以培训讲座的方式经过优化完善后形成项目方案。项目方案确定之后，整个项目就进入了实际运行环节，在此过程中，大兴区志愿服务联合会根据项目的实际需要，安排专门的志愿服务项目培训，培训的内容包括团队建设、项目管理、财务管理、活动策划等。同时组建"专家+联合会干部+第三方项目负责人"项目管理咨询团队，通过 QQ 群、微信群、实地调研、座谈交流等多种方式，实现对项目的全程进行跟踪管理服务。项目运行过程中，委托第三方机构对项目开展中期评估、实地评估、结项考核，确认是否实现项目预期目标。项目运行结项后，召开年度大兴区志愿服务品牌项目支持计划总结分享会，梳理项目运行管理中的经验和问题，编制项目成果集，将优秀项目在全区范围内进行推广。

（三）志愿服务品牌项目的成果

自 2016 年起，大兴区志愿服务联合会实施了志愿服务品牌项目支持计划，旨在通过项目指导、物资扶持、专家督导等形式支持基层志愿服务组织发展。两年来，共支持志愿服务项目 712 个，扶持品牌项目 200 个，在参观学习、宣传提升、路演展示等方面给予品牌志愿服务项目最大支持。区内涌现出了大兴区学雷锋志愿服务协会的社区便民服务，公安分局的"大兴老街坊"，清源街道枣园社区的"爱心 4：30"，亦庄镇的"助医小家"，交通支队、文明办和团区委的"文明交通我先行"，教委的"建工子弟学校支教"等一大批接地气、求实效、受欢迎的品牌项目，有效促进了社会治理。

二、打造百名志愿服务经理人队伍

志愿者领袖指的是志愿者项目或志愿者团队中承担领导、管理职能的志愿者。志愿者领袖可以是全职的社会工作者、志愿者组织的全职职工，也可以是普通志愿者。① 志愿者领袖通常具有非凡的领导力、优秀的个人魅力、良好的沟通技巧、卓越的个人能力和强烈的责任意识。为了培养锻炼这样一批人，更好地服务"志愿新城"建设，为志愿服务组织和团队提供专业的志愿服务咨询、项目策划、指导实施、督导管理等服务，大兴区通过培训、见习、大赛等多种扶持形式，提

---

① 北京志愿服务发展研究会：《中国志愿服务大辞典》，中国大百科全书出版社 2016 年版，第 96 页。

出打造百名志愿服务经理人队伍的工作目标。"志愿服务经理人"项目是大兴区志愿服务联合会开展的旨在发掘志愿者管理人才，提高大兴区志愿服务队伍管理能力的项目，是一种管理能力支持类服务。"志愿服务经理人"项目是志愿新城三年行动计划中提出的"打造百名志愿服务经理人队伍"的第一步，也是大兴区志愿服务联合会对区志愿服务实施组织管理能力支持的一个重要举措。此项目针对的服务对象，即培训对象由各镇街、委办局、社会组织、草根组织等推荐的180余名优秀志愿者骨干组成。培训内容包括志愿服务基础理论知识、"志愿北京"平台建设、志愿服务团队建设理论、志愿服务项目设计展示等。培训专家由区志联从北京志愿服务发展研究会聘请。2016年1月21日和1月22日两天，首批志愿服务经理人在国家教育行政学院进行了首次培训。接下来这支队伍还要经过多次培训和项目运行考核才能获得志愿服务经理人合格证书。

第四章　志愿兴城的核心推进

大兴区在推动志愿新城建设中，其核心的抓手就是志愿服务品牌项目建设。通过志愿服务品牌项目建设，志愿服务组织、队伍、体制机制等要素全部盘活，志愿服务事业焕发出无穷活力。它让大兴区的志愿服务事业从日常到高端，从简单到复杂，从薄弱到繁荣，从引进来到走出去，实现了居民需求与服务供给的有效对接，解决了党政工作中的盲点。志愿服务不仅成为推进工作的创新方式、社会治理的有效探索，而且成为大兴区居民的生活方式，成为大兴区最闪亮的公益名片，成为外界认识大兴、了解大兴的重要窗口。

第一节　加强志愿服务品牌项目建设顶层设计

运行志愿服务项目，其必不可少的环节就是顶层设计。加强志愿服务品牌项目建设顶层设计，可以在短时间内统筹各方资源、要素，高效快捷地达成志愿新城建设目标。以顶层设计为切入点，大兴区主要采取了以下几种措施。

一、多部门联合机制

志愿服务品牌项目建设并不是一蹴而就的，它是一个系统工程，需要政府、社会组织、社会公众的高度重视和配合才可以实现。将各部门全部联合在一起，才能集中发力，实现效益最大化，才能真正将志愿服务项目做成特色、做成品牌。

（一）政府高度重视

志愿服务品牌项目支持计划在提出之初，就受到了政府的高度重视。2015 年，时任大兴区委常委、宣传部部长、统战部部长、大兴区志愿服务联合会会长的沈洁同志就多次带领大兴区相关负责人到北京市志愿服务联合会进行调研取经，还多次邀请北京志愿服务发展研究会的专家学者到大兴实地调研志愿服务项目基础，就志愿服务项目事宜提出可行的建议和计划。同时，大兴区志愿服务联合会还积极走出去，到深圳、杭州等志愿服务事业较为发达的地区参观学习，吸收志愿服务项目建设的先进经验。志愿服务品牌项目支持计划实施后，大兴区委区政府高度重视，一方面拨付了专项志愿服务项目经费，用于保障志愿服务品牌项目的正常运行。另一方面，区委区政府的主要领导带头参与志愿服务项目，以实际行动支持大兴区志愿服务事业。同时，还将志愿服务项目建设作为年底各单位的政绩考核标准，从管理硬指标层面为志愿服务品牌项目建设保驾护航。最后，号召全体党员参与到志愿服务项目中，推动"党员服务月""在职党员回社区"

"文明交通志愿服务项目"等志愿服务品牌项目运行。

(二)各部门联合参与

志愿服务品牌项目实施后,各部门高度重视,积极参与,联合推动志愿服务品牌项目建设。以 2016 年志愿服务品牌项目支持计划为例,各部门共上报项目 423 个,其中各镇街上报项目 144 个,委办局上报项目 69 个,社会组织上报项目 88 个、草根组织上报项目 78 个……经过多次的项目审核和评估,最终 100 个项目被纳入志愿服务品牌项目支持计划。经过近两年的发展,大兴区已经成功打造近 200 个品牌项目、20 个精品项目,着实扩大了志愿服务的影响力和号召力。基于社会公众的需求,大兴区积极开发设计了多个贴近民生、服务民生的志愿服务项目,在全区形成了良好的示范引领作用,如"文明交通我先行志愿服务项目""五大青年志愿服务行动"等,这些项目在实际运行中得到了各部门的广泛参与和推广,营造了"人人都是志愿者 人人都是受益者"的志愿服务浓厚氛围。

(三)社会组织积极融入

伴随着经济社会的发展和民主化进程的加快,社会组织在各领域内广泛兴起,在社会治理格局中扮演了愈来愈重要的角色,而基层社会组织作为基层社会管理的组织化形式,已成为社区建设中最具有社会性、自治性和包容性的组织载体,是党和政府联系人民群众与市场经济的桥梁和纽带。依托志愿服务品牌项目建设,大兴区的社会组织积极融入志愿新城建设蓝图,不仅带动了社会组织的繁荣与发展，而且在志愿服务项目建设方面树立了许多品牌。自大兴区志愿服务品牌项目计划实施以来，共审核通过 180 个项目，其中社会组织有 80 余个项目位列其中，更有 13 个项目入围大兴区的 20 个精品项目，占据了大兴区志愿服务项目的大半江山。同时，社会组织还充分利用自身的人员、组织、资源等优势，承接了大兴区志愿服务品牌项目和志愿服务经理人培训计划等整体运行事宜，以第三方的姿态融入大兴区的志愿服务事业中，实现了自身发展和志愿服务事业的共同繁荣。

（四）全区域协同发展

大兴区自提出志愿服务品牌项目支持计划以来，就受到了社会的广泛关注和积极参与。一是区级层面，大兴区志愿服务联合会充分利用志愿服务品牌项目支持计划这一契机，发布了"全面志愿服务日""行业+志愿""五大青年行动"等众多红头文件，号召全区以志愿服务品牌项目为抓手，以居民需求和中心工作为结合点，积极推动各行业、各部门、各单位积极参与到志愿服务项目建设中。二是镇街层面，各镇街以志愿服务协会为中心，统筹各社区（村）、社会组织和教育系统等资源，以邻里守望、大型活动、文化宣传等志愿服务项目为抓手，积极推动基层的社会治理工作，取得了良好的活动效果。三是社会层面，全区"志愿兴城"氛围营造热烈，广大居民积极参与到区综治办的"平安大兴"志愿服务项目、区文明办的"文明交通"志愿服务项目等项目中来。在这些志愿服务项目的带动下，"志愿兴城"已成为全民共识。

二、区镇街联动机制

当前,大兴新区正面临转型发展的关键时期,新机场开工建设、京津冀一体化协同推进、世界月季洲际大会的举办,新区迎来了难得的发展机遇。经济的发展伴随着精神层面的进步,建设志愿服务品牌项目,用志愿的形式给城市形象加分,能够不断提升大兴新区的软实力和文化影响力。同样道理,志愿品牌项目的打造也会对各镇、各街道、各部门打造软实力起到巨大的推动作用。大兴区各单位、各部门都非常重视志愿服务品牌项目工作的开展,建立了区镇街道联动机制,以群众需求为突破点,在服务群众、服务发展、服务社会上做了许多工作,真正做到了志愿服务与大兴区发展的同频共振。

（一）思想认识统一

大兴区镇两级各单位一是思想认识一致,积极配合,联动对接机制畅通,如区镇的志愿服务项目均以群众基本需求为中心,搭建沟通交流平台,大力发展和培育所在地区层面的志愿服务组织,孵化了众多贴近民生的志愿服务项目,切实解决了居民的许多生活难题;二是双方充分整合志愿服务资源,统一志愿服务标识、衣服、帽子、口号等文化宣传品,实现了志愿服务资源优势互补,无缝对接;三是共享信息宣传平台,推动形成志愿服务项目信息互动联通、载体平台共建共享,促进志愿服务项目常态化发展。如大兴区志愿服务联合会为各镇街志愿服务协会都申请开通了"志愿北京"信息平台账号，区镇两级都可以通过"志愿北京"平台进行项目发布管理运行。同时，对于镇街上报的项目信息，都会在区级甚至市级志愿服务平台宣传推广，真正实现了信息共建共享。总之，大兴区、镇两级各单位在"志愿兴城"上达成了比较好的默契，思想保持了高度统一，取得了良好的志愿服务效果。

（二）行动步调一致

大兴区志愿服务联合会成立之后，就号召各镇街成立志愿服务协会，作为区志联的二级单位。这22个镇街志愿者协会是大兴区志愿服务联合会推进成立的，目的是延长区志联在大兴区的神经末梢，更好地了解地方需求，发挥协调地方资源，支持地方志愿服务发展。22个镇街志愿者协会的组织结构与人员安排由大兴区志愿服务联合会指导和建议产生，在实际运行中，均以团委直属机构及其工作人员为中坚力量。在成立之后区志联与22个镇街志愿者协会的架构像一个伞状，合力推进大兴区志愿服务事业的发展。因此，在具体的事务中，大兴区志愿服务联合会与22个镇街志愿者协会是上下级的关系，大兴区志愿服务联合会负责引导、示范、支持协调、整合资源，镇街志愿者协会在其指导下开展镇街一级的志愿服务工作，收集地方需求。因此，在志愿新城建设的过程中，大兴区各镇街均能保持相同的行动步调，统一安排部署，齐心协力共同推进志愿服务事业的繁荣与发展。其具体表现形式有以下几点：一是各镇街积极响应，对于大兴区志愿服务联合会和大兴区团委发出的号召及活动安排，各镇街都能迅速整合相关资源，及时安排部署，较好地完成相关工作要求。二是建立专门的志愿服务人才队伍。志愿服务经理人培养计划实施以来，各镇街的志愿服务工作负责人、团委干事、志愿服务骨干人员全部积极参与，成为志愿服务经理人选。三是积极推动志愿服务项目运行。各镇街在总结各自特色项目的基础上，积极申报大兴区的志愿服务品牌项目支持计划，总结提升各自的项目水准，形成了各自的品牌和特色，真正实现了志愿服务人人共享、人人共建。四是广泛宣传志愿兴城建设，利用文化墙、门户网站、App等现代化的传播方式，在宣传志愿服务建设的同时，积极传播各自的志愿服务特色和亮点，切实扩大了志愿服务影响，增强了志愿新城建设的吸引力、影响力和号召力。

第二节　完善志愿服务品牌项目建设工作

一、完善保障体系

为了顺利完成志愿服务品牌项目建设工作，大兴区成立了志愿服务品牌项目支持计划项目组，小组包括项目领导小组、项目专家委员会、项目办公室、项目联络员等，还设立了不同的职能部门。如：（1）外联工作组：负责对接团区委、专家和街道。（2）培训工作组：负责组织培训活动。（3）日常事务工作组：负责具体计划的起草、项目的日常咨询解答；流程表格制作；评审组织、评估监测；案例编写组织。（4）行政工作组：负责行政事务、实习生志愿者招募、流程监控。（5）财务工作组：负责财务管理制度、财务报销。（6）宣传工作组：负责活动的定期宣传；项目展示宣传。

二、孵化品牌项目

自 2016 年起，大兴区连续 3 年开展大兴区志愿服务品牌项目支持计划。该计划支持的项目为在"志愿北京"平台正式发布的正在开展中或计划开展的常态化志愿服务项目，包括大型赛会、城市管理、日常服务三大板块，体育赛事、大型会议、大型展会、重大庆典活动、生态文明、城市运行、平安行动、应急服务、关爱服务、文教服务、社区服务、其他服务 12 个类别。该计划鼓励各项目进行社会化运作，争取更多社会资源的投入，凡争取到配套资金支持并签订支持协议的项目，在项目评选及实施评估中均予以适当加分奖励。

大兴区志愿服务品牌项目支持计划根据项目申报的总预算情况分为支持志愿服务之成长计划和支持志愿服务之发展计划，支持最高金额不超过 3 万元，最低金额不低于 1 千元。根据项目预算和答辩情况确定物资及资金支持范围。此外，区志愿服务指导中心将对所有获批项目在培训指导、项目管理咨询、项目督导评估、信用积累等方面给予相应支持。具体支持情况如下：1. 物资及资金支持：主要针对志愿服务项目的始创阶段和发展初期进行支持，支持金额为 1 千元—3

万元,其中,重点支持项目的支持金额为 3 万元。每年重点支持项目不少于 10 个,包括定向支持代表大兴区在北京市、全国项目大赛中获奖的优秀志愿服务项目、大兴区专业志愿服务队伍开展的志愿服务项目等。项目支持一是包括物资支持,由团区委集中提供全区统一标识的志愿者服装、志愿标识等全区统一的志愿文化宣传品,二是提供活动经费支持,活动经费支持占支持经费的比例不低于 80%。项目的物资支持和活动经费按项目需求自行申报。其中项目的活动经费方面定向支持项目的培训费用、宣传费用、活动用品购置费用、志愿者补贴等。2. 项目培训指导:区志愿服务指导中心举办志愿服务项目支持计划负责人培训班,就团队建设、项目管理、财务管理、活动策划等方面开展有针对性的能力建设培训。3. 项目管理咨询:区志愿服务指导中心组建"专家+联合会干部+第三方项目负责人"项目管理咨询团队,对项目进行全程跟踪管理服务,通过 QQ 群、实地调研、座谈交流等多种方式实现。4. 项目督导评估:区志愿服务指导中心组建"联合会干部+第三方项目负责人"项目督导评估团队,对项目进行中期督导、结项评估。

大兴区志愿服务品牌项目支持计划管理流程为。1. 项目公示。项目支持计划结果公布后将进行公示,公示无异议的项目签订协议书。2. 执行周期。入围支持项目支持计划的项目应在本年度内结项。3. 资金拨付。签订项目协议书后,划拨项目资金的 60% 作为项目初期经费;项目通过中期评估后,划拨剩余 40% 经费。如项目执行方没有独立账号,可采取分期报销形式执行。4. 资金管理。项目资金应确保全部用于项目执行。所有项目需接受监督和绩效评价。5. 项目实施。项目应严格按照申报表制订的工作计划和经费预算推进项目实施。6. 督导评估。在项目运行周期内，项目运行方应严格遵守相关财务规定，配合第三方督导机构开展中期评估、实地评估、结项考核。评估考核不合格的项目，将追回项目支持经费。7. 择优推荐。获得支持志愿服务项目支持计划的项目，由区志愿服务指导中心根据项目的规范性、典型性、示范性等情况，推荐为北京市青年志愿服务项目大赛等各类评奖评优的候选项目。

三、聘请专家督导

（一）组建志愿服务项目专家评审委员会

针对每年度的志愿服务项目支持计划，大兴区志愿服务联合会组建了 15 名专家评审委员会，分五组对项目进行初审。评审委员会从项目公益性、创新性、实践性、社会影响力以及运行管理五方面对项目进行了评审，经过反复探讨与磋商，最终按照评选规则筛选出符合条件的项目进入大兴区年度志愿服务品牌项目正式立项评审阶段。这些项目被分成五大类，分别为社会治理服务类志愿服务项目、关爱服务类志愿服务项目、赛会+培训服务类志愿服务项目、社区服务类志愿服务项目、文教服务类志愿服务项目。

（二）组建大兴区志愿服务联合会专家顾问委员会

2016 年 3 月 24 日，大兴区志愿服务联合会专家顾问委员会正式组建，并圆满举行了大兴区 2016 年志愿服务品牌项目支持计划立项评审。专家顾问委员会由区志联副会长单位的志愿服务主管领导和驻区高校志愿服务领域的专家学者组成。专家顾问委员会最终评选出 100 个项目进入大兴区志愿服务品牌项目立项签约阶段。

（三）邀请专家担任志愿服务项目督导

为支持入围项目顺利运行，北京市大兴区志愿服务联合会邀请了 20 位专家作为项目督导，为入围项目提供督导服务。由区志联委托第三方为督导专家提供补助，并签署《专家督导志愿服务协议》。督导模式为：20 位专家对应 100 个志愿服务项目，每位专家督导 5 个项目，作为一个督导小组，督导周期为半年，每个项目至少进行现场督导一次，督导形式包括：集体督导、一对一指导、现场指导。在督导会上，志愿服务项目负责人需要通报项目运行的基本情况、下一步工作计划，以及实施中的问题，并对品牌项目支持计划的组织管理工作提出了建议。专家督导则需要对项目实施过程中需注意的问题、下一步工作重点分别提出督导意见和要求，并转达区志联的近期相关工作安排。各项目负责人在本组志愿服务项目内相互借鉴学习，联合开展志愿服务活动。专家督导的方式对各项目实施工作的顺利持续推动提供了很大帮助。

四、培养志愿服务经理人

（一）百名志愿服务经理人的提出

2015 年 12 月 5 日，大兴区启动"志愿兴城"三年行动计划，提出打造百名志愿服务经理人队伍的工作目标。为了落实此项工作，进一步加强区内志愿服务人才队伍建设，推进大兴区志愿服务工作的规范化、制度化，打造专业志愿者管理团队，提升专业骨干人才素质，建立一支具有志愿服务情怀，有一定专业技能的志愿服务骨干人才队伍，提升服务组织的整体水平，大兴区开始实施百名志愿服务经理人培训计划。大兴区志愿服务联合会通过对区志联副会长单位、各镇街道、教育系统、卫生系统、驻区高校、区内活跃社会组织、草根组织等摸排调查，选拔了百余名志愿服务骨干参与志愿服务经理人的常规培训和专业培训，经过一年左右的时间，初步达到预设的经理人培养目标。

（二）百名志愿服务经理人的培养

对于大兴区志愿服务经理人的培养主要采取"理论+实践"的方式进行。在理论培养方面，主要依托培训的方式进行，培训的内容包括志愿服务基础理论知识、"志愿北京"平台的操作和使用、志愿服务项目策划书的撰写、志愿服务项目管理技巧及经验、财务管理报销制度、团队建设、文化宣传等内容。每年年初大兴区开始以通知的形式征集招募志愿服务经理人，一般来说征集的人数要多于100名，经过全年四期的经理人培训，最终经考核合格，确定成为志愿服务经理人选。在实践运行方面，鼓励志愿服务经理人参报志愿服务品牌项目支持计划，从实操层面对志愿服务项目运行有一个宏观的了解和认识，并通过实际运行项目，将培训知识转化为实践能力，以此检验培训的效果，考核甄选出一大批专业的志愿服务经理人才。截至2018年12月，大兴区共培养志愿服务经理人300余名，为志愿服务事业的长期稳定性储备了充足的组织管理人才。

第三节 创新志愿服务品牌项目
建设资源整合机制

一、品牌项目建设中的政府力量支持

在 2016 年大兴区第一届志愿服务项目支持计划启动之前，大兴区志愿服务联合会邀请北京志愿服务发展研究会专家学者、市志愿服务联合会项目部、大兴区文明办、团区委及大兴区志愿服务指导中心和大兴区社会组织联合会相关负责人召开了研讨会，就下一阶段志愿服务项目的筛选、评定和运行等交换了意见。会议听取了北京市志愿服务联合会专家的建议，决定将志愿服务项目的评定工作根据项目内容进行分组，每组设置 3—5 名人员，由理论专家、实操专家、区志联干部构成，全程跟踪评定项目内容，确保项目运行效果。同时，在运行过程中，加大对志愿服务项目和管理人员的培训力度，分层次、分阶段开展针对性的培训并推进二者的有机结合，确保志愿服务项目沿着科学性、规范化、成效显著的方向发展，将项目支持计划的效益最大化。会议决定，要充分发挥区志联的统筹协调作用，确保各个成员单位的优秀项目能脱颖而出；要加大培训力度；要扩大志愿服务项目的覆盖面，争取每一个"一刻钟志愿服务圈"都有优秀的项目做依托，确保居民参与志愿服务"人人可为、处处可为、时时可为"。总之，北京市志愿服务指导中心为大兴志愿服务品牌项目建设提供了智力支持和项目指导；大兴区区委、大兴区各政府部门为大兴志愿服务品牌项目建设提供了人力、物力和文化传播方面的支持。

二、品牌项目建设中社会组织的积极参与

为做好全区志愿服务项目，北京市大兴区志愿服务联合会引入第三方管理评估机构——北京市大兴区社会组织发展服务中心作为甲方，对入围志愿服务品牌项目支持计划的志愿服务组织进行评估，监督管理志愿服务项目，提升志愿服务质量，完善组织制度管理。根据《中华人民共和国合同法》《北京市大兴区志愿服务项目资金管理办法》，保证所购买服务的质量，明确双方的权利和义务，双方在平等、自愿、协商一致的基础上，就有关事宜达成协议。

三、品牌项目建设中志愿者的广泛动员

在志愿服务项目支持计划中，大兴区对各行各业的志愿服务组织及志愿者进行了广泛的动员，通过各种渠道搜集志愿服务项目。在2016年志愿服务品牌项目支持计划的项目搜集阶段，大兴区志愿服务联合会通过所辖22个镇街、北京市志愿服务联合会推荐、区各委

办局、大中小学校、社区青年汇、草根组织等方式共收到申报书 400 多份。此后的两届志愿服务项目支持计划中,大兴区也一如既往地进行着最广泛的动员。

｜下 篇｜

第五章　大兴区典型志愿服务社区案例

第一节　用志愿凝聚力量　用大爱播撒希望
——高米店街道康隆园社区

一、组织简介

高米店街道康隆园社区东起兴业大街，西至兴盛街，南起康庄路，北至金星西路，占地面积约 25.5 公顷，社区共有楼房 47 栋，其中高层 5 栋，花厅 9 栋，联排别墅 34 栋。共计 770 户居民，共有人口 2360 人。在册党员 39 名，各类党员志愿者人数 149 人。自 2009年以来，在支部的团结带动下，党员充分发挥先锋模范作用，着力打造居民广泛参与的志愿服务社区。

2016 年 1 月 25 日，高米店街道志愿服务协会正式成立，实名注册志愿者近 6000 人，占常住人口的 17%，经过整合，目前在街道志愿服务协会注册的二级组织 54 个，在职党团员 100%注册。2017 年 3月 29 日高米店街道志愿服务队成立，服务队于每月 25 日走进社区组织一次志愿服务大集，目前共有 37 家单位加入，累计走进 8 个社区开展了大集活动，服务覆盖人数达 1 万余人。2018 年 4 月中志联领导等 60 余人一行到高米店参观社区志愿服务，对志愿服务大集给予了高度评价。此外，高米店街道以大兴区志愿服务联合会打造 100 个品牌志愿服务项目为契机，在辖区范围内广泛开展项目征集活动，在此过程中，涌现出康隆园的"绿岛生活馆"项目等各具特色、内容丰富的志愿服务项目。

二、志愿服务实践经验

（一）支部引领，为志愿活动搭建平台

康隆园社区环境优美，水系贯通，定位于高档社区。居民来自四面八方，彼此沟通联系少。社区党支部经过深入的入户走访和个别座谈，围绕如何能把大家聚起来，由支部引领创建了党员居民志愿者自我参与、自我管理、自我建设的"绿岛生活馆"项目，围绕"志愿我先行、奉献我幸福"的主题，以花卉种植组、果蔬种植组、水生植物组和再生资源组为基础，开展了一系列志愿活动。

花卉种植组和果蔬种植组联合在社区开展一院一景自主种植活动。由社区党支部提供种苗，组织社区志愿者向居民免费发放，每年中秋前后举办"丰收果实"品尝会，在体会种植快乐和收获喜悦的同时，美化了社区的环境，增进了邻里之间的感情；水生植物组开展以清洁水系为主题的志愿活动，使社区的水池由死水变成可养鱼养花

的活水，每年可节约用水 70 余吨；再生资源组则是志愿者通过学习和研究，把废旧物品变成了活生生的可利用资源，利用厨余残油做肥皂、利用废纸做摆件等，并将残油做肥皂技术通过培训交流向全区推广，每年平均回收残油 400 余斤。四个项目组的成员均来自社区的志愿者，在社区党支部的带动下，通过为志愿者搭建"绿岛生活馆"活动平台，辖区居民的环保意识大幅提升、社区的自然环境大有改进、邻里间更为和谐，使康隆园成为环境美、人和谐的宜居社区。

（二）党员带头，将志愿服务融入生活

黄心田是康隆园社区的一位退休党员，也是一位志愿者。2009 年 4 月开始担任社区党支部支委工作，退休后他积极参与社区党支部组织的各项活动，退休不褪色，在生活中践行着志愿者的无私奉献精神。

为了让社区环保项目和科普项目得到专家的认可，他带领社区志愿者学习上网查询资料，自费外出参观学习，把学到的厨余残油制作肥皂的做法，传授给其他居民志愿者；学习室内空气甲醛的检测方法，从 2009 年到现在一直积极参加志愿服务活动，每月都到各社区组织开展厨余残油制作肥皂活动，免费给社区居民家测试空气环境是否甲醛超标，为居民有一个良好的居住环境作出了他们的贡献。

除此之外，他作为环保节能志愿者，带头把生活中节约能源的好方法、生活小窍门在社区中推广；作为社区巡逻志愿者，积极劝解私自撬开社区垃圾分类回收箱的人员，不厌其烦地告诉他们这些可回收的垃圾箱是万通公益基金会支持的项目之一，作用是让居民把可回收的垃圾再次分类回收利用。作为党员志愿者试点家庭，他为了从源头上减少垃圾、实行分类保存的方法，利用社区发放的弹簧秤，将每天的垃圾记录下来进行对比，逐步积累了垃圾分类试点工作的经验，使得社区垃圾分类工作开展得更加有声有色。

（三）居民参与，让志愿精神洒满社区

康隆园社区居民参与志愿服务热情高涨，社区志愿活动丰富多彩，志愿精神通过党团员、普通群众和广大青少年播撒在社区的各个角落。

治安志愿者保社区一方平安。目前治安志愿者队伍共有成员 20 名，平均年龄超过 50 岁，由社区居民、楼门长、老党员组成。在两会、元旦、春节等重大节日时间进行志愿巡逻，每天每人志愿服务时长 6 小时，累计发动治安志愿巡逻 1000 余人次。

党员志愿服务队践行党员本色。在街道志愿服务协会的积极倡导下，社区成立了 15 人的党员志愿服务队伍，在街道"疏解整治促提升"专项工作中发挥先锋模范作用，进行平安社区建设，保障社区平安稳定。

网络文明志愿者宣扬正能量。社区成立由 14 人组成的网络文明志愿者队伍，通过发放宣传材料以及入户走访的方式，倡导在互联网上弘扬正能量，全年发放宣传材料 200 余份。

青少年志愿者实践成长在社区。利用寒暑假时间，对辖区内的青少年进行绿色环保知识、废物利用窍门、垃圾分类知识的讲解培训，鼓励青少年建成"小小志愿者"队伍，开展志愿服务活动，使青少年体验志愿服务带来的获得感和满足感。小志愿者们全年累计参与志愿活动 200 余人次。

三、案例评述

高米店街道康隆园社区以社区志愿服务队为基础，在支部的团结带动下，党员充分发挥先锋模范作用，于每月 25 日走进社区集中开展志愿服务活动，服务内容包括花卉种植、果蔬种植、水生植物、再生资源等环保志愿服务，形成了居民广泛参与的志愿型社区。该组织的主要特色：一是支部引领，为志愿活动搭建了平台，为社区居民提供了便利。二是党员带头，将志愿服务融入了生活的方方面面，充分发挥了党员在志愿社区中的先锋模范作用。三是居民广泛参与，志愿精神通过党员、普通群众和广大青少年播撒在社区的各个角落，营造了良好的志愿服务氛围。

第二节　爱心服务解民忧——黄村镇格林雅苑社区

一、组织简介

格林雅苑社区于 2017 年 5 月成立，位于南六环南侧，东邻南中轴路。辖区占地面积约为 17 万平方米，建筑面积约为 12 万平方米，可容纳 1149 户居民，现入住率80%左右，常住人口 2340 人。在党的十九大召开期间，黄村镇党委提出区域化党建的创新概念，格林雅苑社区通过协调周边的业态资源，整合社区居民志愿服务力量，以"共商共建共享"为原则，建立大家长志愿服务队，目的是推动周边区域化协调发展，开辟基层党组织服务群众的绿色通道，进一步提升居民的归属感和幸福感，合力把社区打造成和谐共融的大家庭。

格林大家长志愿服务队成立至今，已成为夯实区域化党建的有力抓手，目前登记在册大家长有 50 余人，年龄跨度从 25 岁到 71 岁，男女比例为 1∶5，45 岁以下人员比例为 14%，党员比例为 1∶7，其中骨干力量有 8—10 人。作为十九大精神在社区的生动实践，大家长志愿服务队按照职责，每天分组在园区内进行巡视和值守；通过定期入户的方式，及时掌握各自负责区域内的人员居住情况，检查是否存在堆放杂物、群租房、存放危险物品、改变居住用途等情况；定期组织周末大扫除活动，及时清除楼内堆放的杂物，清理社区及周边的卫生死角。从去年年底成立到现在，帮助清理整治矛盾隐患 20 余家，其中包括淘宝经营、无证无照幼儿园、服装、电瓶存储等。志愿服务队将日常工作常态化，形成长效服务机制，实现需求、民意、问题自下而上传递，资源、力量、政策自上而下保障。

二、志愿服务实践经验

（一）严格的准入制度

为保证每一位大家长都能像爱自己的小家一样，充满友善和宽容，志愿服务队要求每一位加入大家长队伍的志愿者，必须为社区长期居住的业主；要求大家长志愿者有大格局，能够用对社区大家庭的爱与包容，去维护社区的和谐稳定。

（二）系统的培训制度

为保证大家长志愿服务队能够快速成长，社区通过与第三方社会组织合作的方式，对志愿服务队展开系统的培训。通过讲座等形式向大家长进行志愿者专业知识的普及和讲解，让其理解志愿者含义，增强处理问题的能力，提高志愿服务水平。引导大家设计志愿服务项目，有针对性地在社区开展志愿服务工作。

（三）科学的积分管理制度

为促进大家长志愿服务队正常化、正规化运行，在志愿服务队中推行积分管理制度。每年汇总积分情况，根据实际情况对为社区作出不同贡献的志愿者进行表彰，以此鼓励大家积极参与社区建设，形成树立榜样、学习榜样的良好氛围。

（四）多元的文化建设制度

在社区内成立话剧队、舞蹈队、合唱队、编织队等文体队伍，以大家长志愿者为骨干力量，发挥志愿者引领作用，定期组织居民开展文体活动，鼓励大家以爱社区为主题进行文艺创作，现有原创节目舞台剧《大家长的一天》、快板《格林雅苑我的家》、编织作品《格林吉祥物》、朗诵《我爱我家》等，以文化发展促进社区和谐发展。

三、案例评述

该社区以"共商共建共享"为原则，聚焦社区居民核心需求，成立专门的志愿者服务队，开展常态化的志愿服务，成为推动区域化协调发展的有效抓手，开辟了基层党组织服务群众的绿色通道，进一步提升居民的归属感和幸福感。该组织的主要特色在于坚定不移地推进社区志愿服务的制度化：一是建立了严格的志愿者准入制度，确保了社区的和谐稳定。二是推行积分管理制度，适时对优秀志愿者进行表彰，形成了树立榜样、学习榜样的良好氛围。三是根据居民需求，建立了文化建设制度，以文化发展促进社区和谐发展。

第三节　邻里守望、有你有我——林校路街道车站中里社区

一、组织简介

车站中里社区位于黄村火车站东侧，东至车站北巷，南至京山铁路北侧，西至火车站广场东侧，北至林校北路，辖区面积 0.17 平方公里，共计 20 栋楼，91 个单元门，辖区居民 1084 户，常住人口 3226 人。

车站中里社区以加强社区团建、大力服务青少年为目标，推进团

员青年的思想政治教育工作，团支部将志愿服务作为常规工作，定期组织社区青年志愿者为民服务。2016 年 5 月，车站中里社区彩虹志愿服务队活动站正式揭牌。经过两年的发展，彩虹志愿服务队建设更加完善，拥有"志愿北京"平台注册志愿者 89 人，共计志愿服务时长 9934 小时。志愿服务队根据社区实际需求，扎实开展各类志愿服务活动，包括义务理发、义诊、法律宣传讲座、清理社区等志愿服务项目，确保社区志愿服务活动常态化。车站中里社区在社区团建工作中做出了积极的探索，积极开展志愿服务活动，建立了与社区建设相适应的社区团支部志愿服务工作新格局。

二、志愿服务实践经验

（一）邻里守望，温暖大家

志愿者张秀兰是北京市五星级志愿者，她把每月 5 日、6 日定为"义务理发日"，八年如一日，坚持上门为社区孤寡老人、残障居民上门义务理发。在她的带动下，青年团员积极投入志愿服务中，组成义务理发服务小分队，每逢节假日，都会走入社区、走入孤寡残疾居民家中，为居民义务理发、清洁屋子，陪老人们聊天，了解老人需要，让他们感受到了党对他们的关心和照顾。同时，车站中里社区积极发展社区卫生服务站为非公团建单位，发展团员 3 名。在义诊志愿服务中，团员积极参与，表现出色。

（二）爱护环境、清洁家园

为给社区居民创造一个整洁、优美的节日环境。每月 10 日，车站中里社区组织青年团员志愿者在辖区内开展清洁家园志愿服务活动。志愿者们对社区卫生死角进行垃圾清扫、张贴防火安全须知、对辖区公共自行车进行清洁擦拭、对社区小广告进行清理铲除、对社区黄杨树进行修剪、对社区自行车棚进行清理等,不仅美化了社区环境,还有效杜绝了社区火灾隐患。

(三)维权普法、关爱青少年

车站中里社区青少年模拟法庭自 2011 年开始举办,截至目前,已经举办十一届,目的是提高青少年法律意识、增强法制观念,预防青少年违法犯罪。这项活动实施以来,在社区内受到广大居民的广泛好评,活泼的活动形式也吸引了众多社区青少年参与其中。同时,为了确保模拟法庭项目的推进和实施,模拟法庭积极吸纳社区青少年、大学生社工、法律爱好者、社区居民加入。目前,模拟法庭工作小组有小法官 20 余人,大学生社工 9 人,工作人员 12 人,法律专业人员 5 人,受教育人次达 500 人次。同时车站中里社区青少年模拟法庭得到了林校路街道的大力支持,街道司法所、综治办、社区办都曾予以大力支持和帮助,充分的人脉资源和资金保障使车站中里社区青少年模拟法庭的推进得到有力的保障。

三、案例评述

林校路街道车站中里社区以加强社区团建、大力服务青少年为目标,将志愿服务工作作为常规工作,定期组织社区青年志愿者开展常态化的志愿服务，受到了社区区民的广泛好评。该组织的主要特色：一是围绕居民实际生活需求，开展有针对性的志愿服务，提升了志愿服务效果。二是以团支部为平台，大力开展青少年思想引领、困难帮扶工作，得到了居民的广泛认可。三是项目化推动，积极整合资源，打造志愿服务品牌项目。品牌项目特色鲜明，辐射带动作用强。

第四节　用爱心铸造社区服务——清源街道 康馨园社区

一、组织简介

康馨园社区成立于 2014 年 2 月，辖区东起兴盛街中心线，西至京九铁路，南起清源北路中心线，北至丽园路中心线，总面积 0.29 平方公里。社区共有 17 幢居民楼，3317 户，社区党支部现有社区党员 73 人，居民近一万人，其中流动人口一千六百多人。

为丰富居民业余文化生活，更好地服务社区居民，康馨园社区坚持以社区党建工作为核心，以社区工作为主体，积极动员社区党员、志愿者和居民共同参与开展各类志愿活动，搭建志愿服务群众平台，以双循环积分模式来调动和激发社区志愿服务的积极性和主动性。针对社区服务的多样性，采取 5+N 的服务模式加强社区志愿服务工作者自身队伍建设，其中，5 是指 5 支队伍：康馨园社区党员先锋队、少年先锋队、团员青年队伍、社区志愿服务队、社区青年汇，N 是指动员 N 多志愿者参与进来。5+N 模式有利于培养一支思想正、业务精、能力强、高素质的服务队，共同努力为居民建设一个"美丽、和谐、稳定、宜居"的生活环境。

康馨园社区志愿服务队以及驻康馨园社区青年汇服务站点是社区志愿服务队伍的骨干力量，一直以来本着党政所急、群众所盼、青年能为的原则，围绕提高青年思想道德素质，弘扬文明新风，以增强团员意识教育活动为载体，大力弘扬志愿精神，扎实推进各类青年志愿者活动深入开展。

二、志愿服务实践经验

（一）丰富活动形式，促进青少年成长

为了提高孩子们独立自主、团结协作、沟通交流的能力，社区开展了丰富多样的活动。比如绿先锋芽苗菜种植，社区爱绿、护绿公益活动，冬奥体验系列活动，亲子瑜伽、手工扎染、烘焙、滑冰、体操、艺术剪纸、儿童团扇、书法、古筝、空灵鼓、知识讲座等系列活动，这些活动有利于孩子们养成良好的生活习惯，增强文化修养，愉悦身心，快乐成长。

（二）展示美好形象，提升女性修养

女性是推动社会发展的重要力量，提升自我修养是必修课程，社区通过开展服装裁剪制作、爱美丽生活妆容、声乐培训、形体培训以

及丝巾搭配、手工编织、插花、团扇刺绣、多肉种植、抱枕制作等系列课程，增强女性自身修养，使女性提高审美力、鉴赏力，培养良好的道德品行，提升综合素质。

（三）关爱弱势群体，爱老敬老

志愿者们组织开展"爱在康馨园"系列活动，为养老照料中心及社区高龄老人送温暖、送平安，帮助老人打扫室内外卫生，与老人唠家常、一起唱歌；在新春来临之际组织青少年书法爱好者写春联、贴春联为社区居民送祝福；在学雷锋日开展构建清洁社区活动，对养老中心的护栏、电梯、指路牌等公共设施进行擦洗，对院内的白色垃圾、落叶、杂物等进行清扫；在重阳节、儿童节等重要节日开展慰问活动，积极帮助弱势群体解决生活中的困难。充分发挥5+N的服务模式，利用社区资源为老人及困难青少年提供服务和帮助，让他们体会到关心与关爱。

三、案例评述

清源街道康馨园社区本着"党政所急、群众所盼、青年能为"的原则，采取5+N的服务模式，以弘扬文明新风、提高青年思想道德素质、增强团员意识教育活动为载体，广泛开展志愿服务，深入践行了"奉献、友爱、互助、进步"的志愿服务精神。该组织的主要特色：一是采取5+N的服务模式，加强了社区志愿服务工作者队伍建设；二是依托驻康馨园社区青年汇服务站点，扎实推进了各类青年志愿者活动；三是积极与社区共建单位的团组织加强横向联系开展共建，整合了资源，拓展了志愿服务活动领域；四是社区志愿服务活动丰富多彩，志愿服务对象涵盖社区青少年、女性、老人等各类群体，真正践行了"人人都是志愿者　人人都是受益者"的志愿服务理念。

第五节　五"服"临门——荣华街道天华园三里社区

一、组织简介

天华园三里社区成立于 2005 年，是开发区第一个社区居委会，辖区面积 38.64 万平方米，住宅 1801 户，居民 4500 余人。包含四个小区，其中三个小区为别墅区。社区一直沿用两委一站模式，现有工作人员 11 人（居委会 9 人、服务站 2 人），工作人员中有党员 4 名，预备党员 3 名，中级社工师 3 名，助理社工师 3 名。

天华园三里社区自 2008 年成立第一支志愿服务队伍以来，经过 10 年的建设，陆续成立了 24 支志愿团队（文化 13 支，服务 8 支，党建 3 支），为社区居民送去了有效便捷的志愿服务。2017 年，由党支部牵头，各委员会工作人员担任负责人，召集党员、楼门长、居民代表组成志愿工作小区，以公益微扶持项目——"五'服'临门"为载体，将社区工作下沉到楼门，服务送进楼门，开展了一系列楼门文化创建活动，重点打造 5 个特色楼门，即：党建楼门、文化楼门、平安楼门、健康楼门、为老楼门，基本上覆盖了社区的全部工作内容，为社区更深入开展各项志愿服务提供了有力保障。

二、志愿服务实践经验

（一）以支部"双报到"为引领，深入开展志愿服务

五"服"临门中的党建楼门以社区党支部、共建党支部、在职党员为主要力量，开展一系列党员教育管理、党员志愿服务活动，充分发挥党员先锋模范作用，带领社区居民参与社区建设。"双报到"的党支部和在职党员同志们，作为社区新的志愿力量，自2018年4月中旬到社区报到后，为社区居民提供了多项志愿服务。比如开发区科技局党支部利用自身资源优势在社区内开展知识产权宣传志愿活动；帮助联系、对接高科技企业组织三里社区党员、居民参观企业中电科和京东方，开拓了社区居民的眼界；在社区健步行、讲座、周末大扫除、党员外出参观、社区巡逻、各项宣传等活动中，在职党员志愿者积极参与，志愿服务逐步常态化，为社区建设注入了新的活力。社区在职党员由于平时工作较忙，即使在周末也难得有大量的时间为社区服务，为了帮助在职党员融入社区、服务社区，社区组织招募在职党员为社区图书馆管理志愿者，每个周六、日分为6个时段，每个时段3小时，在职党员根据自身情况选择志愿服务时段，搭建了在职党员服务社区平台。

（二）积极整合资源，共建单位精准对接

为了引入更多的社会资源，更好地服务社区居民，给居民提供

生活便利，同时搭建社区与社会组织、企业沟通交流的平台，实现资源共享，天华园三里社区的五"服"临门项目作为社企共建是一种"资源共享、互利共赢"的平台，根据共建单位的自身优势，对接到社区五"服"临门的各个楼门志愿服务中。天华园三里社区举办了"五'服'临门和社企共建资源对接会"，吸引了近30多家企业和社会组织参与，并及时对社区五"服"临门项目2017年工作和2018年计划进行分析说明与总结，便于共建机构更精准地志愿服务对接。共建单位纷纷表示将积极发挥各自优势，携手为社区提供更加多元的志愿服务。党建楼门共建单位为社区捐赠爱心座椅7个；平安楼门共建单位为社区志愿者提供团队建设拓展活动；健康楼门的共建单位为社区居民开展健康体检、趣味运动会等多项活动；为老楼门共建单位蔬菜水果定期进社区，为社区居民提供新鲜蔬果；文化楼门的共建单位为社区免费拍摄宣传片等。

（三）社区开展青少年志愿服务系列活动

文化建设紧紧围绕楼门文化这一条主线，积极打造文化型社区，丰厚社区文化底蕴，提升社区的亲和力和凝聚力，为更好地服务居民提供有力保障。五"服"临门之文化楼门开展青少年系列活动，通过宣传栏通知招募、青少年微信群等方式发动社区青少年积极参与到社区的各种活动中，并组建社区青少年志愿者团队。半年以来，青少年不仅参与到3月"学雷锋"系列活动中，还积极参加社区"治安巡逻，三送三帮"慰问80岁以上和生病老人的志愿活动等，这些志愿服务增强了青少年建设和谐社区的积极性、主动性和参与性。

三、案例评述

荣华街道天华园三里社区以"五'服'临门"志愿服务项目为载体，开展了一系列楼门文化创建活动，打造了社区文化品牌，提升了社区的凝聚力和居民的自治能力。该组织的主要特色：一是积极发挥党建工作的引领作用，抓住"双报道"的契机，以社区党支部、共建党支部、在职党员为主要力量，开展了一系列党员教育管理、党员志愿服务活动，充分发挥了党员先锋模范作用。二是搭建社区与社会组织、企业交流共建的平台。共建单位精准对接五服临门各楼门，开展各项志愿服务活动，与社区真正实现了"资源共享、互利共赢"。三是以楼门文化为主线，以文化志愿服务活动为载体，积极打造文化型社区，提升了社区的亲和力和凝聚力。

第六节　七彩服务全方位，便民生活零距离
——兴丰街道黄村中里社区

一、组织简介

为了有效整合社区资源，为居民提供全方位、立体式的便民服务，兴丰街道黄村中里社区成立了"七彩服务队"项目，所谓

"七彩"具体对应七个志愿服务队，他们分别是红色信息文化宣传队、橙色敬老助学帮困队、黄色治安维稳巡逻队、青色法律援助调解队、蓝色公共设施维护队、紫色文化体育服务队和绿色卫生环境保障队，这七支队伍基本将社区各项工作内容以及跟居民生活息息相关的各方面需求全部纳入了服务范围，他们可分可合、可大可小，相对于单一型社会组织更加灵活、更加有力、更加丰富。每支队伍独自开展活动的同时，又相互补充、相互辅助，以一个整体的优势，更好地发挥资源整合的作用，对于建设志愿社区具有重要推动作用。

二、志愿服务实践经验

（一）围绕基本需求，更好地为居民服务

贴近社区百姓，坚持以社区民生需求为导向，着眼于居民多层次、多样化的物质、文化、生活服务需求，不断拓展民生服务的领域与项目，提供个性化服务。围绕社区居民基本生活服务需求，以社区为基础，以非营利为目的，为社区居民提供质优价廉、无偿低价贴心服务，努力打造"干净、规范、服务、安全、健康、文化"的六型社区。

（二）整合资源，增强社区凝聚力

"七彩服务队"以其形式灵活、联系广泛、影响力大的特点，把社区的人力、物力、财力等资源整合起来，形成社区居民自我教育、

自我管理、自我服务的氛围。扩大了居民自治的渠道，为社区公共服务搭建平台，加强了对社区公共事务的全方位管理。

（三）发挥党员先进模范作用，树立良好形象

一是发挥社区党员的一技之长，广泛开展志愿者服务活动。根据社区党员志愿者的职业特点和个人特长，组织开展各类便民利民服务活动，以作为社区和居委会工作的有益补充。二是发挥"七彩服务队"中在职党员作用，广泛开展"亮身份、树形象"活动，接待在职党员进社区，认领服务队岗位，组织他们定期开展"敬业在岗位、奉献在社区"活动。通过这些活动，发挥党员在社区的先锋模范作用，树立共产党员的良好形象。

（四）建立长效调动群众积极机制，参与社会建设

一是建立志愿服务长效机制，将志愿者的服务情况作登记整理，保证志愿者档案齐全，服务登记及时更新。二是调动社区居民积极参与社会建设，整合志愿力量，动员更多的社区居民加入志愿服务过程中来，使有需求的居民真真正正得到志愿者的服务，同时志愿者达到助人自助的愿景。

三、案例评述

大兴区兴丰街道黄村中里社区以党员志愿者为主体，根据服务内容组建了七支志愿服务队伍，全力为社区居民开展文艺演出、环境清扫、安装座椅、油漆护栏、帮贫助困、法律援助等便民志愿活动，得

到了居民的广泛参与和认同。该组织的主要特色：一是以党员志愿者为主体，充分发挥了党员的先锋模范作用。二是七支志愿服务队伍，可分可合、可大可小，组织形式丰富灵活，有助于推动和谐社区建设。三是志愿服务整体规划思路清晰，工作扎实，效果显著。

第六章 大兴区优秀志愿服务组织案例

第一节 大兴区巨匠应急救援志愿服务中心

一、组织简介

北京市大兴区巨匠应急救援志愿服务中心是一支应急志愿者队伍，在大兴区委、团区委的支持下于 2007 年正式成立。团队起初由大兴区爱心公益人士阎乐发起，成员由社会各界的爱心人士组成，他们本着助人为乐的原则去帮助每一个需要帮助的人，主要在抢险救援、赛事保障、治安志愿及防灾减灾工作中开展各项应急志愿活动。发起人在 2017—2018 年中的北京防汛抢险工作中表现突出，无偿抢险，义务帮扶受困群众，获得大兴群众的一致好评，在应急志愿当中起到了模范带头作用。

二、志愿服务实践经验

（一）发挥优势，服务群众

北京市大兴区巨匠应急救援志愿服务中心，在抢险救援、赛事保障、治安志愿及防灾减灾工作中一直肩负着责任和使命，配合政府做好防灾减灾，2017 年出队人数达百人次，2018 年累计出队人数千人，队内曾荣获了"北京市优秀应急志愿者团队"称号，队内志愿者分别获得"北京市优秀应急志愿者个人奖""大兴区应急志愿者之星奖"。这些荣誉对团队来说更是一种激励和认可，激励着团队"不忘初心，砥砺奋进"，在应急志愿者的岗位上，努力付出，无私奉献。

（二）预防为主，做好防护

做好预防，提高居民的安全意识是应急救援一直在做的重要工作。为了完成这一基础目标，大兴区巨匠应急救援志愿服务中心在区内各个镇街都在进行防灾减灾的培训。每一次在给街道做防灾时，团队成员都会提前一天来到大兴区应急志愿者之家进行培训和交流，商讨下一天的培训流程和安全预案，夜里晚了，整理好第二天要用的装备，就在大兴区应急志愿者之家打个地铺，第二天早早地赶到培训场地，勘察消防通道，制订应急方案，给社区居民筑起一道安全的防护网。

2018 年夏季北京启动防汛应急备勤值守任务，大兴区巨匠应急救援志愿服务中心各个志愿者积极报备，参与汛期值守工作。志愿者们分别在大兴区、开发区重点积水地区和人群集中地进行值守任务，在雨量积水地区解救了百名受困群众，其中个别志愿者在北京经济技术开发区瀛海庄园社区坚守两天两夜，睡在车里和社区地面上，为了应急值守任务，冲锋在前，不怕苦不怕累，舍小家顾大家，在暴雨的天气，水都没过膝盖的情况下，巨匠队员仍冲在一线为受困群众解围，树立了吃苦救人的形象。

三、案例评述

大兴区巨匠应急救援志愿服务中心在政府的大力支持下，由社会各界的爱心人士组成，本着助人为乐的原则，在抢险救援、赛事保障、治安志愿及防灾减灾工作中积极开展各项应急救援志愿活动，受到了群众的一致好评。该组织的主要特色：一是政府大力支持，为中心的运行提供了必要的政策资金保障；二是积极进行防灾减灾培训，提高了居民群众的安全意识；三是团队成员不怕苦、不怕累，积极参与应急救援，给社区居民筑起了一道安全的防护网。

第二节　大兴区控烟志愿服务队

一、组织简介

自 2015 年 6 月 1 日控烟条例开始实施起，为保护更多的市民不受二手烟的伤害，北京市卫计委委托北京市控烟协会，协助各区爱卫会监督所做好控烟工作，决定成立控制志愿者总队，并在全市招募志愿者，按区域划分为16个分队，大兴区积极响应，于2015年8月21日成立大兴区控烟志愿服务队，其日常工作就是在全区内招募控烟志愿者，在一些商厦、写字楼、医院里进行定点宣传，对公共场所进行流动宣传，以及走访微信里的被控烟投诉的商贩进行控烟宣传。他们通过向市民讲解控烟条例，发放控烟折页，倡导市民主动劝阻违法吸烟现象，发现违法吸烟现象进行投诉，为吸烟的市民送上灭烟盒，不要乱丢烟头污染环境，告知想戒烟的市民如何去做。大兴区控烟志愿服务队实施控烟行动以来，被市志联评为首都学雷锋志愿服务岗，也得到了区爱卫办的好评，连续三年都被北京市控烟总队评为星级团队。他们的目标是将大兴区建设成为北京首屈一指的无烟城区，为大兴区的市民健康贡献出自己的一份力量。

二、志愿服务实践经验

（一）机构健全，组织有力

在北京市控烟协会领导下，大兴区进一步加强分队的组织领导，明确工作职责，制订符合实际的工作计划和控烟措施。认真履行世界卫生组织《烟草控制框架公约》和《北京市公共场所禁止吸烟规定》，加强对烟草危害的宣传工作，制定控烟巡查计划和制度，对未设立禁烟标识、未落实控烟措施的单位进行入户巡查，积极增加本区无吸烟单位数量。积极开展控烟工作，把控烟工作纳入健康教育工作计划，确保控烟工作有组织、有计划、有检查、有落实，确保控烟工作顺利开展。

大兴区控烟志愿服务队已经成长三年，队伍基本稳定，并取得了一定的工作经验摸索出一套工作方法。在较大的公共场所设立的宣传点，得到了区内政府领导的支持和帮助。大兴区爱卫办和卫生监督所曾经拨专款支持开展控烟志愿服务工作。北京市控烟协会创建"无烟北京"微信公众号，建立了面向全市居民的北京控烟一张图和无烟北京微信企业号等控烟工作资源网。

（二）加强宣传，开展各类控烟活动

大兴区控烟志愿服务分队队员带头履行《北京市公共场所禁止吸烟规定》，严格巡查公共场所的吸烟情况，尤其是在商厦的会议室、办公室、电梯间、卫生间要全面禁烟，做到不设招待烟及烟具，来人不敬烟。1. 在北京市控烟协会"控烟一张图"的引导下，开展对违法吸烟的举报处理工作。2. 协助卫生监督部门实现精准执法。3. 充分利用"5·31世界无烟日"以及全市设立的"每周三来控烟"活动，在北京大兴西红门荟聚购物中心驻点，开展控烟宣传教育主题活动，以期提高干部职工对吸烟危害性的认识，有效降低吸烟率。4. 接受大兴区爱卫会、卫生监督所等机构的领导和技术指导，团结区内其他志愿组织，开展广泛的控烟工作。5. 团队成员在公共场所进行宣传，告知商家如何做好控烟工作，做到四有一无一劝阻，同时，通过控烟协会的公众号"无烟北京"，开展控烟宣传、控烟条例、控烟指导等线上宣传活动。

（三）建立控烟志愿服务信息管理平台

大兴区控烟志愿服务队运用运营较为成熟的微信公众号"无烟北京"来开展志愿服务，通过"无烟北京"，志愿者可以将志愿服务过程中的所见所闻的结果录入后台，为总队提供可靠的依据，调整下一步控烟工作安排。市民也可以通过"无烟北京"来进行投诉举报，"我要投诉"专题下设"投诉实时一张图"、"戒烟门诊一张图"和"控烟FM"，接到投诉后，志愿者会根据投诉单位进行投诉核查，然后进行系统且有针对性的控烟宣传：包括张贴控烟标识、做好控烟制度、设立控烟巡视记录、如何劝阻吸烟，等等。另外，"无烟北京"还包括"志愿服务"专题，专题下设志愿者招募、计时、在线培训等栏目。

近三年的控烟活动开展，《控烟条例》得到全社会的认可，绝大多数市民都能自觉尊崇和严守《条例》规定，都说明全民法制观念的提升。不吸烟、不在公共场所吸烟已经成为大多数人的自觉。公共场所的巡查活动功不可没。控烟是一件利国利民的好事，需要坚持不懈地努力。

三、案例评述

北京市大兴区控烟志愿服务队通过控烟志愿者在公共场所进行控

烟定点宣传和流动宣传，对公共场所吸烟投诉核查及控烟宣传，目的是打造无烟城区，保护市民身心健康。该组织的主要特色：一是志愿者队伍来源广泛，控烟宣传无死角。二是组织机构完整，制度建设成熟规范。在专门的市级组织机构的指导下，制订了科学规范的控烟计划和措施，确保了控烟工作的顺利开展。三是开展了各类控烟活动，建立了面向全市居民的"北京控烟一张图"和"无烟北京"微信企业号等控烟工作资源网，控烟效果显著，有效保护了居民的生命健康安全。

第三节　大兴区企业志愿服务协会

一、组织简介

大兴区企业志愿服务协会，由大兴区工商业联合会作为主管单位，在大兴区民政局登记注册。业务范围包括承接政府机关、企事业单位、社会团体委托的各类公益志愿服务项目，公益志愿服务相关的咨询、培训、宣传和交流活动，开展社会互助、对外交流与合作承办委托事项等。

二、志愿服务实践经验

（一）志愿服务组织体系健全

大兴区企业志愿服务协会管理团队由多年从事公益志愿服务理论

研究的专家学者、具备多年志愿服务实务经验的督导、擅长组织运营管理的职业经理人共同组成，并拥有一支年轻、有活力且具有社会工作师、心理咨询师、培训师等多项职业资格认证的专业社工+志愿者构成的跨专业、多元化服务团队。

（二）志愿服务文化氛围浓厚

大兴区企业志愿服务协会以"立足社区、服务为本、面向群众""学习雷锋、奉献他人、提升自己"为理念，践行社会主义核心价值观，创新性地以"三导"（领导、指导、督导）原则开展实际工作，尝试将本土志愿服务向本土化专业志愿服务转型，既发挥了民间机构自身本土志愿服务方法的优势，又以专业志愿服务的观念补偿其不足，本着"以人为本"的精神，融合与发挥多领域人才的潜能和优势，链接社会资源，发掘社区特质，发展社区功能，促进推动平等、互助、正义、民主的社区建立。在具体的实践中，他们遵守宪法、法律、法规和国家政策，遵守社会道德风尚，秉承"奉献、友爱、互助、进步"的志愿服务精神，推进精神文明建设工作，为经济社会协调发展及社会全面进步尽职尽责。

（三）志愿服务领域宽广

大兴区企业志愿服务协会凭借自身的资源优势，广泛开展了多领域、深层次的志愿服务活动，在大兴区内形成了良好的辐射带动作用。具体来说，其业务分为以下几方面：一是接受委托，管理社会服务机构或运作社会服务项目；二是向各类社区和社会工作机构、社会服务机构派驻社会工作专业志愿者，提供公益志愿服务专业咨询、培训、督导、策划及评估等服务；三是为普通社区和特定社区提供社区发展项目策划及服务、社区志愿服务项目策划及服务；四是为家庭、妇女、儿童青少年、老年人、残障人士、失业人群、外来流动人口及其他社会弱势群体、边缘群体，提供环境治理、法律咨询等专业的志愿服务；五是联合其他组织共同开展志愿服务活动。

三、案例评述

大兴区企业志愿服务协会以"立足社区、服务为本、面向群众"和"学习雷锋、奉献他人、提升自己"为理念，是一个发展较为成熟的支持型志愿服务组织。该组织的特色：一是组织体系健全。采用专业社工+志愿者的模式，以"三导"（领导、指导、督导）为原则开展各式各样的志愿服务工作。二是资源优势明显，积极发挥支持型志愿服务组织的业务特色，为其他志愿服务组织提供服务。三是以多元化促进专业化，打造大兴区专业志愿服务项目和团队。

第四节　大兴区清源街道志愿服务协会

一、组织简介

2009 年 10 月，在会长宋薛礼的积极倡导下，成立了北京市大兴区首家镇街级社团组织——大兴区清源街道志愿服务协会。协会立足街道，经常为空巢老人、孤寡老人、残疾人、现役军人等免费提供理发、修锁、义诊等服务，还积极参加市区街道组织的各种公益活动，受到了街道领导的大力支持和居民群众的广泛爱戴。2015年6月25日，北京市大兴区清源街道志愿服务协会在清源街道工委的大力支持和关心下，成立了北京市大兴区清源街道志愿服务协会党支部。

二、志愿服务实践经验

（一）志愿者来源广泛

大兴区清源街道志愿服务协会的成员包括：北京燕南宋记开锁服务有限公司、广安门医院南区、北京市仁和医院、大兴清源路派出所、北京银行、北京方瑾律师事务所、北京天天多利洁保洁有限公司等单位和个人。协会的服务内容包括：志愿服务、咨询服务、志愿者培训、宣传服务。项目包括：健康咨询、法律咨询、修锁配钥匙、缝纫、理发、免费修脚、垃圾分类、乐器维修、环保咨询、安全知识防范等38个，个人及单位会员达到了100多人，截至2018年5月受益的居民已达了23万人次，参加各种大小志愿活动450余场。

（二）探索走出志愿服务新模式

9年来，志愿服务协会在协会党支部的正确指引下，不断成长和完善，成长为一个新时代的志愿服务团队，探索出1+10+N志愿服务模式。即：1个协会+10支专业志愿服务队伍+N个志愿服务项目。

协会到目前为止创建了多个特色品牌服务项目，如：一元理发关爱老人；残油制作五彩香皂；过期药品半价兑换新药品；绿色当铺废旧自行车置换活动；常年为孤寡老人、困难家庭、残疾人、烈士家属等特殊情况免费服务等，这些项目全部围绕街道社区居民基本需求，受到了社区居民的一致好评。

（三）志愿服务效果突出

经过多年坚持不懈开展志愿服务，大兴区清源街道志愿服务协会受到了群众的广泛认可，也获得了诸多荣誉。如："共青团北京市委员会授予突出贡献奖""首都社区志愿服务组织之星""北京社会公益行优秀公益组织""北京市社会组织公益服务品牌铜奖""北京社会组织好人榜团队""首都学雷锋志愿服务示范站""首都学雷锋志愿服务金牌项目"等。对此，志愿服务负责人及团队表示："荣誉只是代表过去，协会未来的方向是努力打造一支有辉煌有服务有温度有魅力的顶级志愿服务团队。撸起袖子加油干，响应大兴区志愿精神'一起来，志愿兴'。不忘初心，志愿永恒，让我们一起把这张志愿蓝图永绘到底。"

三、案例评述

大兴区清源街道志愿服务协会由公益人士宋薛礼倡导成立，经过多年的探索，形成了 1+10+N 志愿服务模式，树立了多个志愿服务品牌项目，对区内外的志愿服务影响深远。该组织的主要特色：一是党政领导高度重视，统筹协调各方资源，全力助推志愿服务协会发展。二是会员单位众多，且都乐于参与志愿服务。协会成立时间早，志愿服务项目多，持续时间长，受益人群广，示范性和带动性强，为志愿服务事业的发展奠定了良好基础。三是1+10+N志愿服务模式特色鲜明，志愿服务项目品牌效应凸显，为街道乃至全区都营造了良好的志愿服务氛围。四是志愿者榜样人物事迹感人，起到了表率和引导作用。五是坚持党建引领志愿服务组织参与社会治理，积极成立党支部，发挥党组织的战斗堡垒作用。

第五节　大兴区妇女儿童公益志愿服务队

一、组织简介

大兴区妇女儿童公益志愿服务队于2013年5月成立，是一支由大兴区妇联、大兴区妇女儿童活动中心、大兴区早教协会携手热心公益的早期教育机构和各类妇女儿童相关企业组成的服务队，主要服务对象为大兴辖区内妇女儿童。

二、志愿服务实践经验

（一）志愿服务对象特定

大兴区妇女儿童公益志愿服务队整合政府、企业等社会资源，以辖区内妇女儿童为特定服务对象，为他们提供亲子互动、手工制作、读书学习、健康义诊、家政咨询、运动健身等服务，旨在丰富社区妇女儿童的业余文化生活，切实增强亲子关系和亲密关系，增强整个社区的幸福感，达到"与邻为善，与邻为伴"、构建和谐社区的目的。

（二）志愿服务项目类型多样

公益服务队现有热心公益的企业、机构130余家，志愿者（含儿童志愿者）160余名。自成立以来，共组织活动100余场。近几年来成功举办了公益体验活动、社区儿童广场舞、感统训练竞技赛、专业绘本阅读、儿童手工制作、创意美术绘画、家政服务、垃圾分类等诸多优质志愿服务项目。广大社区居民兴高采烈参与活动，获得了实惠和便捷，文娱生活大大丰富。另外，公益服务队还积极参加贫困救助服务，对贫困儿童及家庭开展帮扶救助活动。2013年至今，团队送服务进社区项目进行了330余场，参加的志愿者有145余人，公益时长总计约4658小时，发放公益卡8000余张（总价值约合98万元人民币，直接服务人数10000余人，间接服务人数15000余人）。大兴区妇女儿童公益志愿服务队也获得了"优秀志愿者队""2017年北京印象社区""优秀志愿服务共建单位"等荣誉。

（三）精准对接，满足居民需求

大兴区妇女儿童公益志愿服务队汇聚早期教育机构、各类妇女儿童等相关企业130余家，他们都有强烈的意愿提供公益活动，同时又有足够的实力保证活动的开展效果。服务队会对这些企业的资质进行审查，并帮助企业提高志愿服务能力。因此，服务队在充分了解居民需求的基础上，针对不同的服务人群、不同的服务需求类型，通过开展项目精准对接，形成长效服务机制，长期建立服务关系，就近开展志愿服务活动，真正服务社区居民，满足居民需求，实现和谐社区构建。

三、案例评述

大兴区妇女儿童公益志愿服务队以妇女儿童为服务对象，以用心陪伴、助力成长为服务宗旨，利用各项优势资源，把健康、积极、正能量的公益活动及公益服务送进社区服务居民，丰富了社区居民的文娱生活。该组织的主要特色：一是以特定人群为服务对象，对志愿服务的供求关系进行精细化调研，志愿服务项目设计较为合理，服务目的较为明确。二是志愿服务活动类型丰富，活动方式新颖，趣味性和吸引力较强。三是善于汇聚各类有意愿提供公益活动的企业，搭建志愿服务平台，传播志愿服务理念；志愿者参与广泛，志愿效果显著。

第六节 大兴区天宫院泽众社会
工作事务所

一、组织简介

大兴区天宫院泽众社会工作事务所成立于 2012 年 8 月，2014 年

9月在大兴区民政局登记注册，正式成为一家民办非企业单位。在"志愿北京"平台拥有实名注册志愿者160余名，是北京政法职业学院、北京建工大学文法学院社工类在校生的专业实践教学中心实践基地。事务所倡导"厚道泽众，良行致远"公益服务理念，以立足社区、救难解困、助人自助、共建和谐为宗旨，着重关注政府需求、社会需求、社区需求与社会组织之间的联结，以社会工作专业价值、理论为指导，运用社会工作专业方法与技巧，致力于利用社会工作专业化方法为社会"一老一小"提供全面综合性服务，推进社会工作的助人自助进程。

二、志愿服务实践经验

（一）服务"一老一小"，志愿精神代代传

借助志愿服务平台，事务所组织孩子、家长更多地参与到志愿活动当中，通过引导青少年为老人送爱心，把社区两大弱势群体进行有机结合，取得了一定社会效果。不管是看望社区老人、社区义演还是义务执勤，志愿服务意识都在孩子们的心底悄悄扎根，志愿服务精神也通过志愿者们代代传承。

为老服务：成立社区虚拟养老院，每周定期开展老人小组活动；成立社区便民服务圈，定期为社区内孤寡残疾、高龄空巢、低保家庭提供上门服务。

社区青少年儿童服务：于2012年9月成立海东课后时光儿童之

家托管班，经过几年的不懈努力，不仅解决了 996 余户、1000 余名
社区青少年儿童放学后无人接送、看管、辅导课业的难题，还通过结
对子找老师、请专家、组织志愿者为青少年儿童的课后时光注入丰富
的学习资源，寻机会、搭平台为学生们架设展示梦想的舞台，同时也
把社会工作理念融入课后教育当中来，解决了青少年成长过程中遇到
的这样或那样的问题，为青少年成长保驾护航，丰富了社区少年儿童
的课外生活。

（二）以需求为导向，探索志愿服务新模式

事务所在实际工作中，立足"一老一小"服务需求，探索志愿
服务新模式，受到了社区居民的广泛认可和一致好评。

在为老服务方面，让老人在"社区照顾"模式下安享晚年，摸
索并形成社区独有的系统照顾模式：一是升级志愿者服务队伍进行为
老服务专训，掌握为老服务知识，专门为长期空巢老人、孤寡老人、
特殊老人家庭提供服务，志愿者定期上门服务，每天至少电话沟通一
次，避免老年人身体不适时无人知晓。二是就近组建邻里友好学习互
助小组，每天定时到志愿家庭家中喝喝茶、聊聊天、读书报、做手工
等，互相照应、锻炼心智、延缓衰老，倡导形成志愿家庭让邻里老人
相互支持、相互照顾，共同学习、共同享乐。三是对一些刚刚退休、
身体健康又有资源和能力、且助人意愿强的老人，逐步培养为居民志
愿服务领袖，体现低龄老人的人生价值。

在青少年儿童服务方面，落实团区委要求，制订天宫院街道辖区
青少年儿童"阳光助残""精准扶贫"工作方案，通过事务所专业介

入，为少年儿童健康成长撑起一片蓝天，让少年儿童们在社区这片净土健康苗壮成长，同时他们通过参与多种活动，学会了爱护家园、孝敬父母、团结友爱、相互尊重，学会了沟通与交流，学会了自我保护，改变了许多不文明行为和习惯。以阳光的心态面对人生的每一个阶段。

（三）影响广泛，志愿服务效果显著

通过事务所托管照料服务的青少年儿童已升入初中、高中，由被服务对象变身为志愿者，空暇时间回到托管班为社区少年儿童做托管照料服务。这种托管照料工作管理运营模式在 2015 年度中华妇联年会上推广，得到家长和社会的认可。荣获北京市敬老爱老为老服务示范单位；2015 年度新区最佳社会组织；五好基层关工委；2016 年度"我与朋友共成长（青少年小组）"获北京市优秀社会工作案例荣誉；事务所创始人宗呈裕获得"2016 年度中国百名社工人物"荣誉；"爱心助成长——社区青少年托管照料"志愿服务荣获 2017 年北京市小微志愿服务项目支持计划优秀服务项目、2017 年大兴区志愿服务品牌、标杆服务优秀项目。2013—2018 年大兴电视台"爱心助成长""课后时光"在小志愿者心中埋下"志愿种子""天宫院街道/暑期来这里就对了！"等专题新闻报道。

三、案例评述

大兴区天宫院泽众社会工作事务所以"一老一小"为服务对象，

以"厚道泽众，良行致远"为服务理念，通过个性化、专业化、灵活化的志愿形式，为志愿服务对象送去了温暖和帮助。该组织的主要特色：一是以特定人群为服务对象，服务目的较为明确。二是从服务对象个性化的需求出发，为其提供贴心的服务，切实体现人文关怀。三是志愿服务凝聚人心效果显著，志愿服务对象能够自愿反哺，以志愿者的身份再次融入组织。四是注重队伍建设，培养骨干志愿者，在志愿者队伍中注重弘扬志愿理念，帮助志愿者实现人生价值；志愿服务对象受助之后纷纷成长为志愿者，普通志愿者被培养成骨干志愿者，这种模式大大改善了社区志愿服务生态；志愿精神薪火相传，生生不息。

第七章　大兴区标杆志愿服务项目案例

第一节　"红马甲"在行动——电力延伸服务项目

国家电网北京大兴供电公司培育志愿服务品牌项目是央企践行党的宗旨的方式，是展现央企良好社会形象的途径，是培养员工的平台。公司通过组建共产党员服务队志愿服务队伍，运行"红马甲"在行动——电力延伸服务项目，实现了志愿服务的规范化、标准化、常态化。

一、项目情况简介

国家电网首都电力（大兴）共产党员服务队成立于 2006 年 9 月，以"全心全意为人民服务"为宗旨，以"践宗旨、展形象、搭平台"为工作定位，通过入企第一课等方式，积极开展宗旨教育、企业文化宣贯、社会责任传播等培训，不断培育公司党团员公益服务意识，带领全体员工投身于电力爱心课堂、弱势群体帮扶、用电安全宣传等延伸服务。队员们穿上"红马甲"，利用休息时间走进社区、乡村、企业、医院、校园、机关，送去关爱和温暖，架起了与用户的连心桥，赢得了地区政府和百姓的高度评价。

二、项目背景

国家电网公司作为中央直属企业，除企业的盈利属性，也承担着践行党的宗旨、造福百姓的社会责任。公司通过不断的教育，培育员工"责任、奉献"的价值观，培养员工服务社会、奉献社会的公益意识，引领员工在本职工作之外，发挥专业优势，积极参与志愿服务和公益事业，增强员工社会实践能力，实现自身价值，展现公司责任央企的社会形象。

三、项目内容

共产党员服务队根据全年志愿服务工作计划，制订活动方案，利用业余时间每周至少开展一次志愿活动。队员们按照计划和临时安排，穿着红马甲走进学校、敬老院、社区，讲解电力安全、节能、急救等知识；发展社区"爱心卡用户"，上门解决用电困难；号召在职党员在社区中亮身份，发挥专业特长参与到社区建设中；走上街头宣传智能用电、节约用电及电力法律法规；组织绿色出行、植树造林、公益捐助、弘扬社会主义核心价值观。

四、项目创新点

通过十余年来的不断实践，服务队带领公司全体员工积极参与电力延伸服务，建立了志愿服务的"三重保障"：一是思想保障。发挥服务队宗旨教育功能，通过实践丰富"红马甲"的志愿服务内涵，并将其打造成为培育人、教育人的平台。二是组织保障。组建电力延伸服务的专职策划团队，提供资金支持，保障活动定期开展。三是技术保障。发挥员工专业技术优势，参与社区建设和志愿服务，实现专业特长和志愿服务的有机结合。

五、项目实施效果及意义

对内，通过电力延伸服务，强化党团员"为人民服务"的宗旨教育，让志愿服务队员认识到企业和自身的社会责任，为"红马甲"注入更丰富的志愿服务内涵，增强员工的社会实践能力，在活动中实现自我价值，展示央企的社会形象。对外，广泛传播电力知识，树立安全用电意识，有效减少电力事故发生；帮助和关心弱势群体，让他们体会到社会的关爱和党的关怀；传播孝老爱亲的传统美德，用行动践行"诚信、友善"的核心价值观。

2016年12月4日，中共中央政治局原委员、中国志愿服务联合会会长刘淇到服务队进行调研，对服务队志愿服务工作给予肯定，认为服务队是积极探索"行业+志愿服务"发展新模式的典型做法，具有很强的示范作用和推广价值。

国家电网首都电力（大兴）共产党员服务队志愿服务工作开展以来，得到了各级领导的肯定和辖区居民的好评，先后获得了原国家电监会居民用电服务质量监管专项活动先进集体、首都精神文明建设委员会"身边雷锋最美北京人团队"、北京市总工会"工人先锋号"、国家电网公司"优秀共产党员服务队"、第二届中国青年志愿服务项目大赛全国金奖、首都绿色环保志愿服务优秀组织、"北京社会好人"、首都学雷锋志愿服务示范站、国家电网首都电力共产党员服务队优秀示范点等多项荣誉称号。

六、项目点评

1. 国家电网首都电力（大兴）共产党员服务队自成立以来，积极履行央企社会责任，不断培育公司党团员公益服务意识，带领全体员工投身于电力爱心课堂、弱势群体帮扶、用电安全宣传等延伸服务，积攒了丰富的志愿服务经验，得到了服务对象及相关部门的肯定与支持，获得了较好的社会效益，赢得了多方赞誉。这就为项目的顺利开展提供了组织保障。

2. 该项目采取"业务特长+党建+志愿服务"的模式：利用电力专业特长对38个社会团体、29个社区和186位孤寡老人开展固定帮扶。项目将志愿服务作为基层党组织建设的载体，通过志愿服务活动对党员进行党性锻炼，这体现了志愿服务在促进党和国家发展过程中发挥的作用，体现了志愿服务项目关注社会深层需求、解决政府和社会难题的特点。

3. 该项目建立了长效机制：一是该项目具有清晰、可行的实施计划，能够按期开展志愿服务活动；二是将党员爱心捐款作为年度配套资金，用于志愿者教育、服务社会团体及弱势群体等，为项目的运行提供了充足的活动资金；三是培养出骨干队员 155 人，骨干队员逐渐成长为服务队的管理团队。这种精细化、制度化的方式体现了该项目运营团队的专业素养，以及作为志愿服务项目应有的完整的志愿服务周期，体现了志愿服务项目管理的特点和发展规律。

4. 该项目具有较强的可复制性、可操作性，在大兴区乃至北京市范围内均具有推广价值和示范意义。

第二节　阳光技能 1+1 志愿服务项目

中国目前有残疾人口 8000 多万，数量庞大，解决部分残疾人就业问题不仅能减轻国家财政负担，还能提供部分人力资源，增强残疾人群体的社会认同感和参与感，有利于促进社会的稳定和谐。"阳光技能 1+1"项目致力于建立一套相对完整的残疾人就业培训体系，探索一条帮助残疾人就业、增加收入的新路，帮助更多的残疾人融入社会、服务社会。

一、项目情况简介

"阳光技能 1+1"项目是由大兴区棋牌运动协会公益委员会开发的志愿服务项目，主要通过就业心理、棋类文化组织技能、文化辅助创收技能等一套相对完整的就业培训课程，为大兴区内有身体残疾，但具备与他人交流的基本能力，同时有强烈就业欲望的残疾人提供就业服务，帮助残疾人就业、增加收入，让更多的残疾人融入社会。

二、项目背景

北京市大兴区棋牌运动协会公益委员会是北京市大兴区棋牌运动协会的分支机构，于 2017 年成立备案，并在"志愿北京"平台注册，组织 ID：50296713；公益委员会旗下拥有 30 多位志愿者，负责协会公益志愿服务工作。公益委员已经开展的活动包括 2017 年大兴区志愿服务品牌项目"阳光技能 1+1"、大兴残疾人棋牌比赛、志愿培训裁判班、志愿培训社会体育指导员、志愿棋类项目培训班、志愿棋类进校园、志愿进社区活动，在大兴区志愿服务领域形成了良好的示范引领作用。

三、项目内容

（一）服务对象

大兴区辖区内残疾人，具备听、说这两项基本交流能力和基本动手能力的，数量约为 20 人。

（二）具体服务要求

该类型的残疾人多数为身体残疾，但可从事部分简单、工作强度较小的工作。同时该类型残疾人大多数有参加工作、为社会贡献自己力量的强烈愿望和诉求。

（三）服务内容

为残疾人提供就业心理辅导，帮助残疾人树立健康、积极的就业心态。开展棋类文化组织技能培训，使参加培训的残疾人学习棋类文化组织所需的相关专业知识；开展文化辅助创收技能培训，使参加培训的残疾人掌握折纸、纸工艺、纸艺灯具等文化品的制作技能，同时为他们联系产品的购买方，并建立长期合作关系。成立专项服务工作组，统筹规划，为获得棋类、牌类从业资格的残疾人学员安排相应的实习工作岗位和兼职工作岗位。

对于培训成绩没有合格的并且有意愿继续学习的残疾人学员，协会将在项目结束后，继续义务为他们提供指导和服务，直到他们通过考核。

四、项目创新性和可持续性

（一）项目创新性

此项目为残疾人提供人员组织、心理辅导、就业培训、合格发证、提供就业岗位或收入渠道，形成了一套完整的体系。避免残疾人

"学了技能后不知道怎么用、不知道去哪里用"的窘境，能够为培训合格的残疾人颁发正规的棋牌类从业资格证书，并提供相应工作岗位。

（二）项目可持续性

此项目具有一支成熟的志愿者团队，整合各领域专家组建了强大的讲师团队，并且获得了大兴区残疾人联合会的支持和指导，有相应的场地和专业设备、物资，还有政府的资金政策支持，能够为残疾人提供相应专业的正规从业资格证书，能够为残疾人提供兼职或全职工作岗位。综上所述，本项目具备持续发展的条件，能够在区域内进行复制和推广。

五、项目点评

1. 大兴区棋牌运动协会公益委员会是依托于大兴区棋牌运动协会成立的一家社会组织，主要服务于具备一定沟通交流能力且求职意愿强烈的残疾人，以帮扶残疾人就业、增加收入、积极融入社会为主要业务，具有良好的社会影响力和辐射带动作用。

2. 该项目为解决残疾人的就业问题，从就业信心建立——技能培训——文化辅助技能培训——获得相应证书——推荐就业，形成了一个良性循环，有利于残疾人朋友重新认识自己，积极融入社会，不仅为社会创造了新的人力资源，而且增加了残疾人的就业范围，有利于社会稳定团结和家庭幸福，着实体现了志愿服务项目关注社会深层需求、解决政府和社会难题的特点。

3. 该项目建立了可持续运行的机制，拥有成熟的志愿服务团队成员和教师团队，有场地支持和资金保障，同时与多家企业、社团有合作关系，具有较强的项目运作能力，有利于后期项目的运行和发展。

4. 该项目具有较强的可复制性、可操作性，在大兴区乃至北京市范围内具有推广价值和示范意义。

意见建议：

项目具有可持续性，建议做出模式化推广的典型案例，以利于项目的复制和推广。

第三节　"宝妈就业营"全职妈妈
赋能就业培训计划

由于社会分工的不同，许多女性在组建家庭后，为了照顾孩子成长，经营家庭，就选择做全职妈妈。而随着时间的推移，孩子的成长已不再需要妈妈太多的精力，许多全职妈妈就有迫切的就职意愿，可是由于封闭的家庭环境，部分全职妈妈失去了再就业的竞争力，基于这个需求，"宝妈就业营"全职妈妈赋能就业培训计划志愿服务项目应运而生。

一、项目情况简介

"宝妈就业营"全职妈妈赋能就业培训计划志愿服务项目由北京市五星志愿者吴蕊创建的爱联盟志愿服务队开发设计。主要是通过就业指导、就业推荐、企业对接等形式，从量身定制到就业指导，再到成功就业，让宝妈找到合适的就业机会，实现个人价值，达到家庭事业双全的目的。这个项目的成功经验还通过"百家媒体智囊团""千人志愿宣传团"以及团队创建的 6 个自媒体平台进行宣传，其课程多次被"搜狐母婴"收录转载。

二、项目内容

宝妈就业营在大兴团区委精准帮扶的 200 个低保家庭中筛选了一些家庭，通过入户走访，选择适合宝妈学习的课程，采取线下集中培训，线上建群指导，结对帮扶，进而改变她们的生活现状，让她们真正实现在家创业的愿望。项目举办方的愿望就是把宝妈创业的项目推向全国，利用互联网传播，在线上培训，社群营销，最终使受助者转化为志愿者来帮助更多困难家庭中的女性找到就业方向，让她们勇于走出困境、敢于创业，最终实现宝妈就业有方向、与时俱进共成长的目标。团队核心成员都是由公司的管理层以及聘请的专业社工组成，先培训一批骨干志愿者，再由骨干志愿者管理志愿者，组成千人志愿宣传团。通过设置积分兑换、志愿服务手册、颁发荣誉证书，来激励志愿者参加服务，壮大团队。

三、志愿服务项目效果

截至目前，"宝妈就业营"注册志愿者已经达到 1500 名。服务达到 50000 工时。志愿服务的运营费用 50% 由企业承担，10% 来自申请的志愿服务专项资金和社会捐款、40% 的公益创业收益用于志愿者补助和项目运行。项目先后被评为 2016 北京市志愿服务优秀项目和 2017 大兴区标杆项目，并且在中国青年志愿服务创业赛上获得全国银奖，大兴区团区委为团队授予了"大兴区志愿服务文化推广团队"称号。这些荣誉将鼓励项目团队在志愿服务的道路上竭尽所能，与志愿同人们一起发挥余热，打造一只诚信、博爱、专业、专注的志愿服务队。

四、项目点评

1. 爱联盟志愿服务队自 2013 年成立以来，在大兴区内参与组织多次公益演出，累计服务 5 万人次，具备强大的群众基础，并于 2015 年正式注册志愿北京志愿团队。在志愿北京、微信公众平台、网络媒体等平台累计招募志愿者 1000 人、组建志愿家庭 100 个、培育注册志愿团队 10 支、会员单位 100 家、志愿服务站点 50 家，具有很强的社会影响力和快速稳定的群众动员能力，这正是志愿服务的魅力和价值。

2. 该项目通过志愿服务的形式，以讲座培训及实务指导的形式，为全职妈妈提供就业创业能力的恢复性培训，以此帮助这个特殊群体更好地融入社会，项目关注"人"的成长和自我潜能的挖掘，具有典型的"赋能"特征，侧重从日常生活的角度对全职妈妈群体进行技术支持和帮助，促进家庭和谐的同时，也让全职妈妈们之间互相建立信任、互相支持和共同成长，很好地诠释了志愿精神。

3. 该项目重视媒体宣传和推广，与中国媒体新闻网等 54 家媒体长期合作将进行全程宣传，具有"互联网+"的思维范式。

4. 该项目在 2017 年度的中国志愿服务项目大赛上斩获公益创业项目银奖，具有较强的可操作性和可复制性，在大兴区乃至北京市范围内具有较强推广价值和示范意义。

意见建议：

1. 建议加强项目效果评估和后期服务对象的跟踪与需求调查。

2. 建议筹集更多资金，专项用于帮助和支持宝妈创新创业。

建议项目系统化的梳理，形成公益创业模式的研究报告。

第四节 "欢迎回家"刑释人员社会
融入志愿服务项目

据统计，每年约有 800 名京籍服刑人员回归社会。这些刑释人员由于服刑期间长时间与社会封闭隔绝，在社会融入方面存在困难。大部分临释人员在临出监前，往往会因对社会陌生而产生回归恐惧感。回归社会后，部分刑释人员短期内难以找到比较理想的就业岗位，没有稳定的收入来源，无形中成为社会的弱势群体，需要社会的关注与关爱。

一、项目情况简介

"欢迎回家"刑释人员社会融入志愿服务项目是由爱众志愿服务队开发设计的，团队通过集中培训、陪同办理业务、心理疏导等方式，对刑释人员进行帮扶，使其能够顺利融入社会，体现政府对特殊人群的帮扶，营造社会和谐氛围。该项目曾获得 2016 年度大兴区"优秀志愿项目"荣誉称号。

二、项目内容

"欢迎回家"刑释人员社会融入志愿服务项目的目标是：采集 20 名刑释人员的回归经历；开展 1 次对临释人员的集中培训；动员志愿者 200 人次制作和收集义卖物品；开展 1 次非货币性义卖活动，向 200 名以上市民做相关宣传；动员志愿者，解决 30 名刑释人员的具体需求。在项目具体运行中，主要分为以下四个阶段：

一是采集回归经历阶段。采集部分刑释人员的回归经历供临释人员参考，在北京市出监监狱开展集中培训，引导届临出监的服刑人员进行自我规划。

二是需求调研阶段。在此过程中，了解刑释人员和临释人员的具体需求，以便于后期动员志愿者为刑释人员提供帮助。

三是非货币性义卖阶段。对志愿者进行培训，制作并收集义卖物品，购买义卖品的人需提供帮助刑释人员的志愿服务，来换取义卖品，通过此种形式，动员更多的志愿者加入拉近社会与刑释人员距离的公益行列中来。

四是对接需求阶段，以志愿服务队为平台，在保护刑释人员隐私的基础上，对接双方需求，解决刑释人员的困难。

欢迎回家志愿服务队除开展帮扶刑释人员的内容外，还开展包括环境保护、法制宣传、慰老服务、婚姻家庭、邻里关系、在线宣传等在内的多个方面的志愿服务。

三、项目效果

"欢迎回家"志愿服务队累计帮助超过 800 名届临出监的服刑人员了解社会变化的信息、动员志愿者三十余人次、搜集用工信息一千余条、召开了 4 次狱内招聘会、指导五十余名服刑人员与用工单位签订用工意向，还组织了三十余次有刑释人员参与的志愿服务活动，一直致力于努力拉近刑释人员与社会的距离——这就是"欢迎回家"名称的由来。服务队经过三年来各个社工项目的推进，又为"欢迎回家"不断赋予了新的含义。现在的"欢迎回家"系列项目已经涵盖了包括环境保护、法制宣传、慰老服务、婚姻家庭、邻里关系、在线宣传等在内的多个方面。在"欢迎回家"公众号中，对"欢迎每一个人回家"的阐述是这样的："家是一个温馨的地方，充满着爱心，也只有在这样的环境中，才能让我们回归理性，善待生活、善待自己与他人。愿社会处处都是家，处处充满爱——回归理性，善待一切。"

四、项目创新性

一是刑释人员帮扶刑释人员，项目中的一部分志愿者是刑释人员。服务队动员其本着推己及人的理念来参与各项活动，且由于与服务对象感同身受，能够更好地提供服务；

二是义卖方式的创新，减少货币兑换环节，避免财务处理的麻烦，使服务的提供方和需求方直接对接；

三是志愿者动员方式，以义卖的形式吸引志愿者的加入，可以扩大宣传力度。

五、项目点评

1. 北京市大兴区欢迎回家刑释回归志愿服务项目是专注于通过志愿服务的形式，帮扶服刑人员与刑释人员，拉近他们与社会的距离。该组织在服刑人员与刑释人员的融入帮扶方面积累了良好声誉和丰富的志愿服务工作经验，组织成员的亲身经历不仅有助于此类项目的开展，也体现了志愿服务助人自助的特点。

2. 该项目聚焦大兴区刑释人员在回归社会、融入社会方面的困难和需求，旨在通过各种个案帮扶和小组活动，帮助临释服刑人员消除出狱前的恐慌心理，增强融入社会、自食其力的能力。这体现出志愿服务项目关注社会深层需求、解决政府和社会难题的特点。

3. 该项目能够整合社会资源，动员更多的志愿者及社会组织参与到帮扶方案的设计与制订中，以服刑人员个体的需求带动更多的关爱人士参与其中。这种以志愿服务来实现社会动员和社会参与的方式，有助于达到以点带面、扩大影响面的效果。

4. 该项目顺利完成了成果转化环节——归纳总结出四大类18项回归接驳手续及其办理途径，并设计了《女子监狱出监创业课程项目》。这就为此类项目的标准化提供了前提，使得该项目具有较强的可复制性、可操作性，有利于项目的宣传、推广以及可持续发展，也体现了项目管理的科学性。

5. 该项目将项目实施阶段进行细分，每个阶段的时间、地点、内容也做了详细的规划，这体现了该项目运营团队的专业素养，以及作为志愿服务项目应有的完整的志愿服务周期，体现了志愿服务项目管理的特点和发展规律。

意见建议：

建议加强宣传和推广，建立服刑人员与刑释人员的融入帮扶志愿服务标准化体系；建议呈现该志愿服务项目管理机制及特点。

第五节　科技星火筑梦未来志愿服务项目

　　建筑是一个时代特色的重要体现，中国的建筑文化更是我国的一大文化特色。通过教授建筑文化，可以强化学生的文化自信，厚植他们的爱国主义情感。北京建筑大学是北京地区唯一一所建筑类高等学校，"建筑味十足"和"北京味十足"是学校办学定位与特色优势。北京建筑大学土木学院科技志愿服务队充分发挥专业优势，发起了科技星火筑梦未来志愿服务项目，为大兴地区科技创新人才培养作出更大的贡献。

一、项目情况简介

　　科技星火筑梦未来志愿服务项目是由北京建筑大学土木学院科技服务志愿团队开发设计的，立足学校雄厚的专家教师团队，以团队的志愿者为核心，通过为区内中小学生教授建筑文化，提高学生们的创新能力和动手能力，助力科技创新人才培养，增强学生们的爱国主义情怀。

二、项目背景

　　科技星火筑梦未来志愿服务项目受到了学校的大力支持和帮助，

具有足够的实力支持该项目的运行和发展。首先，专家教师团队名师荟萃，师资队伍实力雄厚。团队成员都是北京市大学生建筑结构科技竞赛、校内承载力大赛和科技活动周的专家指导教师，能够对志愿者进行专业指导。其次，北京建筑大学土木学院科技服务志愿团队共有300名志愿者，志愿者数量充足，且富有团队精神，完全满足志愿服务需求；该项目非常关注志愿者的成长和发展，将提高志愿者的专业素养也作为一项重要工作。志愿者的招募、选拔、培养环节都极为严格，志愿者需通过科技活动周的课程考核，同时还需参加一项校级及以上的科技活动比赛。志愿者们良好的专业素养和甘于奉献的志愿精神能够为中小学生树立榜样。

三、项目内容

结合时代热点，与大兴区内中小学进行合作。志愿者通过向中小学生讲授建筑理论知识和文化内涵，使他们了解建筑背后的历史文化，开阔视野，丰富学生们的学习生活，培养学生们的爱国主义思想，助力科技创新人才培养。

项目具体开展形式有以下几种：

一是课程讲授，项目成员选取北京建筑大学学生们的优秀建筑模型进行模型制作讲解，详细为中小学生介绍模型制作的每一个步骤，并结成小组进行收获分享。之后每个小组从所给特色建筑中选择自己心仪的一个，再由志愿者老师详尽地为同学们讲解此建筑的特色，并引导同学们制订合理的模型制作计划。模型制作过程将由志愿者老师全程陪同，及时解答学生们遇到的问题，监督学生们认真完成模型制作任务，保证学生们的安全。

二是制定与文化特色教学相搭配的参观学习活动。组织学生们前往建筑大学参观学校的"改革开放 40 周年"主题优秀建筑模型展，引导学生们从哥哥姐姐们所制作的模型中吸取经验和教训，帮助学生们更好地构思模型和理解模型。组织学生们参观老北京城大沙盘，并向学生们讲解北京城的发展历程、北京城的特色文化，加深学生们对中国传统文化的了解。

三是设定模型制作分享环节。在课程结束后，在中学举办课程成果分享展览，组织学生团队形成宣讲团，设计展览内容与形式，撰写宣讲文稿，为学校师生讲解建筑模型所承载的历史故事和建筑文化特色，从而加深学生们对中国传统文化的认识和了解，全面锻炼学生的综合素质能力。

四、项目运行情况

项目已经在大兴区中学，例如大兴七中、大兴五中和旧宫中学等开展了超过 300 个课时的建筑模型课，课程主题包含：长征胜利 80 周年、"一带一路"大战略和老北京文化传承；组织学生们来北京建筑大学参观老北京城大沙盘、校史馆、建筑模型展、"一带一路"文化展来开拓学生们的视野，强化了他们对中国特色文化的认识。2017

年暑假期间，在旧宫中学开展建模夏令营。

现阶段，计划围绕"改革开放40周年"进行主题授课。精心挑选具有代表性的建筑，通过讲解建筑的文化特色和背后的历史故事，带领学生们领略我党在改革开放40年来付出的巨大努力以及祖国突飞猛进的发展。大大开阔学生们的眼界，增强民族自豪感，强化文化自信。

五、项目点评

1. 该项目专业背景较强，志愿者来源充足。作为北京地区唯一一所建筑类高等学校，在师资队伍、建筑资源等方面具有先天优势，专业背景雄厚，能够为项目的运行提供专业的指导和服务。同时，北京建筑大学土木学院科技服务志愿团队凝聚力强，且注重志愿者队伍建设，充足的志愿者保障了志愿服务项目的持续开展。

2. 项目内容新颖，影响深刻。此项目以中小学生为服务对象，通过授课的形式，在加强爱国主义教育的同时，提高了学生的动手能力和创新思维的培养，具有深远的教育意义。

3. 活动形式灵活，吸引力强。该项目不仅通过课程教授传授知识，而且还通过参观展览、个性化地指导等形式满足学生的好奇心和动手能力，满足学生的求知欲和创新思维的培养，有利于人才的培养。

4. 教学相长。志愿者在上岗前接受系统的专业培训，通过参与志愿服务，自身的专业素养也得到提升。

意见建议：

项目在操作的过程中，需要协调众多的资源进行配合，还要考虑学生安全问题，运行成本较高，且项目的运行效果有待进一步检验，希望项目运行能将这些影响因素纳入考虑范围，制订更详细的项目运行方案。

第六节 大学生民防志愿者培训与社区志愿服务项目

一、项目情况简介

北京石油化工学院大学生民防应急救援队成立于 2015 年 4 月。目前是北京市唯一一支完全由高校师生组成的应急救援分队。救援队在大兴区民防局指导下建立，主要包括北京石油化工学院体育部、工程师学院部分教师组成的讲师团和大学生应急救援分队。2017 年救援队积极发挥大学服务社会的功能，在志愿北京注册，成立了志愿服务团队，积极开展大学生民防志愿者培训，民防进校园、进社区等志愿服务活动。2017 年 7 月，救援队积极参与大兴区志愿服务计划，申报并组织实施了大学生民防志愿者培训与社区志愿服务项目。在救援队全体成员的共同努力下，先后为大兴区第八小学、国家教育行政学院附属实验学校、大兴五中、大兴六中、中建国际港、兴康家园、滨河东里、滨河西里、清源西里等社区累计提供志愿服务 17 次，受益人数四千余人次。

二、项目内容

一是安全教育培训。招募大学生民防志愿者并进行培训，是救援队的日常工作，也是救援队保证建制的基础。每学期救援队都会在学校开展民防宣传和志愿者招募活动。加入救援队的大学生志愿者需要接受民防知识和应急救援技能培训：创伤包扎、心肺复苏、救灾帐篷搭建、疏散演练、野外拉练都是常规科目。培训合格的志愿者才能走进学校、走进社区，将安全教育知识、安全教育能力等传达给需要的人。

二是应急疏散演练。应急演练作为应急救援非常重要的一环，是检验公民应急能力的一个重要手段，能够增强公民应对突发事件的应急意识和处置能力。该项目充分运用自身的各项资源，为大兴区域内的中小学和社区开展了多次应急疏散演练，切实增强了区域内居民的应急反应能力。如 2017 年大兴区西红门发生火灾后，救援队本着校园安全重于泰山的原则，于 11 月 20 日、11 月 28 日和 12 月 1 日分别为大兴区第六中学、大兴区第八小学和大兴区国家教育行政学院附属实验学校分别组织了应急疏散演练和安全教育培训。为了做好疏散演练，救援队师生多次进行实地考察，设计疏散路线，绘制逃生路线图，制订演习方案，还提交了消防工作建议。

三、项目效果

知识改变世界，安全知识改变命运。北京石油化工学院大学生民防应急救援队的师生发挥自身所学与特长，为社会服务，通过志愿活动让更多的中小学生和社区居民了解灾害发生时的应对措施，增强安全意识与自护自救技能，为建设和巩固平安校园和谐社会作出应有的贡献。

四、项目点评

1. 该项目组织保障充分，专业背景较强。北京石油化工学院大学生民防志愿者应急救援队成立于 2015 年 4 月，是北京石油化工学院在大兴区民防局指导下，依托体育部《生存训练》等相关课程组建而成，在册队员 51 名，志愿者后备队员约 60 名，是目前北京市唯一的完全由高校师生组成的应急救援分队。队伍建制完善，定期开展民防知识培训，应急救援技能培训和民防教育宣讲活动，并在原有培训基础上，增加了心肺复苏（CPR）和 AED 除颤仪使用培训。

2. 本项目对我国民防事业不断发展具有推动作用，社会意义重大。此外，为大学生普及民防教育，让大学生参与民防志愿者队伍，成为中小学校园、社区的宣传员，这不仅锻炼了大学生自身能力，而且也在大中小学传播了民防知识。

3. 该项目实施的内容、时间、地点安排详细，体现了活动的可操作性和专业性，也说明了志愿者团队的执行力与凝聚力。

意见建议：

该项目具有推广意义，可以考虑实现项目的模式化设计，特别注意在教材、课程设计等方面做到规范和专业。

第八章　大兴区优秀志愿者案例

第一节　亢志伟——一心为民　一直在线

自 2003 年任医院团干部以来，亢志伟一直严格要求自己坚定为人民服务的理念，不畏辛苦，在医疗战线上展现了一名团干部的良好风采。同时，作为一名志愿者，在工作时间之外，他还带领着自己的青年志愿者队伍，发挥自身优势，在大兴区志愿活动中奉献自己的力量。

一、树形象，展现人格修养

随着社会的进步，医疗战线面临着很大压力和风险。在坚持自身业务不松懈的情况下，他坚持学习党的路线方针政策，在工作和生活中坚定贯彻党的路线方针政策。新时代，团干部应该是复合型的团干部，因此，努力学习、与时俱进也是他鞭策自己的标准之一。除了在北京市委党校学习研究生课程外，他还注重和优秀团干部及先进榜样交流学习，在大兴区青年联合会这个平台上，认识了许多各个领域成绩突出者，从而吸取更多的正能量，不断完善自己。

青联这个组织，不仅是一个各行业交流自己经验的平台，同时也是志愿者共同成长的舞台。通过积极向先进志愿者交流学习，亢志伟认识到志愿者精神已经在华夏大地上开花结果，大家通过各种形式，传递爱心，弘扬志愿服务精神。亢志伟感到，志愿服务大有可为。他始终坚信，在大兴团区委的带领下，大兴各行各业的志愿者将会团结在一起，将志愿精神传承下去。

二、守本职，积极参加服务

作为医院团总支书记，他始终工作在团一线，带领着六个团支部的团员，为医院的建设发展和患者的健康尽自己最大的努力。

2014年，为响应团市委的号召，医院团总支参加了清源街道团工委组建的区域化团建工作，作为会员单位，亢志伟带领团队积极配合，无论是重阳节敬老，还是演讲比赛，都有医院团员青年的身影，区域化团建工作大力发扬了志愿者精神，将志愿服务延伸到每一个社区，将温暖送到大兴居民身边。

三、谋创新，探索全员志愿

2006年，医院组织了以团员青年为主的"青年医疗志愿者服务队"。从"服务队"创立到运行，亢志伟倾注了很多心血。服务队逐渐壮大，目前已经形成了 120 人左右的规模，除了高学历的青年团员外，还吸收了一些德高望重的专家。截至目前，"青年医疗志愿者服务队"已经走遍了大兴区几乎所有的乡镇街道，志愿者们深入社区、工地，把中医药知识、防病养生技能送到基层百姓身边。8 年中，服务队共组织义诊和健康教育大课堂等志愿活动共计百余次，受益人数达 8000 余人次，发放各种健康处方、保健手册共达 50000 余份。

服务队刚建立初期，就加入了清源街道"同心圆"公益服务组织，这是在民政系统注册的正规公益组织，当时他任副会长，每个月，服务队都配合其他单位的志愿者深入街道下属的小区进行义诊和健康宣教活动。在"三八"节和"重阳节"，专门组织针对特定人群的专场公益服务活动，受到了当地百姓的欢迎。

在地铁大兴 4 号线建设过程中，"青年医疗志愿者服务队"无论严寒酷暑，坚持每月到施工现场为工人免费体检、问诊，受到了时任大兴区区委书记林克庆同志的高度肯定。除了去街道、下工地，亢志伟还和黄村镇团委、青云店镇团委结成志愿活动对子，去黄村镇回迁村为当地农民免费体检，真正让农民们享受到了高水平的医疗卫生服务，当天光免费测量血糖人数就达到 100 多位，中午结束后，当地百姓拉着大夫的手不让离去，盼望着志愿者们还能再来为他们提供病情咨询服务。2014 年国际志愿者日，青年医疗志愿者服务队还配合大兴团区委、青云店镇团委等单位，共同到青云店镇敬老院服务。志愿者到了敬老院后，除了给行动方便的老年人提供健康宣教外，还到行动不便的老人房间中为他们进行体检，得到了老人们的一致赞扬。

北京市卫生计生委团委对"青年医疗志愿者服务队"的志愿服务工作也给予了高度评价，授予其"健康使者火炬行优秀组织奖"的称号。新时代，亢志伟还将和他的朋友们继续在为民服务的道路上，不断奋力前行，永远在线！

第二节　栗阳——争做绿色达人
律动美丽京城

"咱北京是个有 2300 万人口的超大型城市，每天产生的生活垃圾就有几万吨，把运输这些垃圾的卡车连成一串，能绕三环一圈。政府每年需要征用 600 亩土地进行垃圾填埋，浪费资源又污染环境，需要大家共同做好垃圾分类，我们这儿需要你们年轻人来做宣传活动，你来不？"2010 年年底，物流管理专业毕业的栗阳带着对未来职业生涯的美好憧憬，进入了一家大型仓储型物流公司担任库管员，却在一个休息日听到了这样一席话。他的使命感油然而生，决定为自己生活的城市作出贡献。第二天，他便加入"垃圾分类指导员"队伍，担任宣传和管理工作，在倡导文明生活方式、建设绿色北京的第一线，践行着自己的人生价值。

一、扎根基层，宣传绿色初心

作为清源街道辖区垃圾分类宣传工作的发起人和负责人，栗阳在指导员队伍中选拔出口才好、形象好、热心奉献的人组建了"志愿宣传小分队"，每周到社区开展垃圾分类活动，通过发放材料和入户演示指导的方式宣传垃圾分类相关政策。栗阳深知孩子带动整个家庭参与的重要性，便组织宣传小组设计相关的宣传课程。2015 年，栗阳组织志愿者走进了大兴九幼、滨河小学等学校。志愿者们寓教于乐，通过真人扮演"绿娃、灰太狼、哆啦 A 梦"这三个卡通人偶来分别代表绿、灰、蓝这三种垃圾桶，向孩子们展示如何进行垃圾分类。同时，还积极与中华环保基金会沟通，将义务宣传课程带到了海淀、西城、通州等兄弟区县的课堂，其中不乏清华附小这样的名校。这一举动得到了各级领导和师生的一致好评。

二、尊重劳动，书写最美情怀

北京变得越来越美了。然而，有谁注意到，是谁在默默奉献？他们又有着怎样的生活？栗阳带领的指导员队伍中有很多外地来京务工人员，他们背井离乡来到了北京，为这座城市作出了巨大的贡献。每年春节，栗阳都会向单位申请，邀请大家一起到公司包饺子过春节，不管是领导还是务工人员，都同在一个饭桌上喝酒、谈心、聊家常。

看到大家洋溢的笑脸，栗阳就知道他们找到了家的感觉，自己心中也倍感欣慰。

在严寒冰冷的冬季，队员们用冻得直发抖的手伸进又脏又臭的垃圾桶，甚至双手都被冻伤，但分拣完成后，他们并没有休息，而是向居民发放资料，宣传垃圾分类知识，传授垃圾分类方法。炎热的夏天也带给栗阳巨大的压力。酷热的天气容易使人中暑，垃圾也会加快变质，恶臭味儿令人难以呼吸。面对恶劣工作环境带来的影响，栗阳积极与物业公司沟通协调，借来简单的休息室，并配备电扇、微波炉、电热水壶等设备，让队员们在艰苦的工作环境和被人嘲笑的质疑声中得到一丝安慰。

三、主动作为，壮大志愿队伍

2011 年，枣园东里居委会将首邑上城小区 37 号楼作为区内的"垃圾分类试点楼"。在栗阳的号召带领下，社区退休干部、辖区老党员等老同志被聘为"义务环保宣传员"，利用生活业余时间，开展一帮一活动，先从近邻开始宣传指导，最后实现"一传十，十传百"口口相传，从而壮大志愿宣传队伍，让垃圾分类宣传工作进入千家万户。在 2014 年年底的一次师生聚会时，栗阳得知其老师任校团支部书记，便马上介绍了垃圾分类宣传工作，并与老师一起，在学校组织开展团员活动时，结合垃圾分类主题，把学生纳入志愿者队伍，参与到活动中。2015 年，大兴八中团支部组织 50 余名团员学生加入指导员队伍，变成了小小志愿者。

在参加工作的近八年中，栗阳2014年、2015年连续两年荣获"北京市垃圾分类绿色宣讲员荣誉称号"、2015年在大兴区最美清源人评选活动中荣获"最美环保卫士"荣誉称号。栗阳深知，荣誉是大家一起努力得来的，这些肯定让他更加坚定地在志愿服务这条大道上不断前进，因为志愿让他快乐。

第三节　刘丽艳——爱心奉献　情暖大兴

刘丽艳，中共党员。2004年进入国家电网首都电力大兴供电公司工作，2006年9月担任大兴供电公司共产党员服务队爱心服务热线分队长，2013年，被任命为国家电网首都电力大兴供电公司共产党员服务队队长。

一、勤勉好学，成绩斐然

她勤勉好学，工作踏实，无论在哪个岗位工作，她干一行爱一行，兢兢业业、任劳任怨，赢得领导与同事的一致赞誉。在工作中，她凭借自己丰富熟练的业务知识，为客户解答疑惑，用自己的爱心服务客户、奉献社会，成为本行业的优质服务标兵；在社会上，她救人于危难的事迹已传为佳话。因出色的工作成绩，曾被北京市国资委授予"优秀共产党员"称号，国家电网公司"劳动模范"、国家电网公司"服务之星"，被北京市电力公司评为"0811"工程十佳巾帼岗位能手、"首都电力之星"、"十佳供电服务之星"、"十大杰出青年"。多次被评为北京市电力公司优秀共产党员和优秀共产党员先锋、大兴供电公司优秀共产党员、文明职工、先进工作者等荣誉称号。2017年她还获得了大兴区关工委先进工作者、大兴区"五星级志愿者"以及"北京市五星级志愿者"称号。

二、默默无语，救人危难

2005年9月，在下班回家的路上，刘丽艳遇到一位素不相识的老人，因钱包被偷，愤怒焦急引发了心脏病。她及时帮助老人服用了随身携带的药物，并一直守在老人身旁，直到老人身体好转。她为老人找来出租车，给了司机一百元钱送老人回家。事后，她没和任何人提及，直到老人家属找到了司机，然后又辗转联系，才找到了默默奉献的刘丽艳，同事们才知道事情的经过。

刘丽艳爱心救助老人的事迹先后被《人民日报》《光明日报》以及中央电视台、北京电视台等媒体报道，多家网站也都转载、刊登。随着多家主流媒体的报道，刘丽艳很快就成为家喻户晓"名人"，面对荣誉，她仍一如既往踏踏实实工作，认认真真学习。她说："其实，这只不过是每个人遇到了都会去做的事，我们都应该用自己的爱心去帮助有困难的人。"

三、率先垂范，勇当先锋

2006年，大兴供电公司为了激励广大职工进一步学习刘丽艳的先进事迹，打造国家电网公司优质服务品牌，成立了"刘丽艳爱心服务热线"，刘丽艳成为这个热线的负责人。同年9月，大兴供电公司成立共产党员服务队，作为服务队的一名分队长，刘丽艳始终战斗在服务的最前沿，她大力拓展服务内涵、创新服务形式，处处以身作则，充分发挥了先锋模范作用。

2013年4月，刘丽艳接任国家电网首都电力大兴共产党员服务队总队长，她只用了不到两个月的时间就完成了党员服务队的"三化"建设验收，获得了北京市电力公司"优秀服务队示范点"称号。几年来她带领的班组先后获得原国家电监局居民用电服务质量监管专项活动先进集体、国家电网公司优秀共产党员服务队、北京市"学雷锋"优秀团队、北京市工人先锋号、共青团北京市委"青年文明号"、首都身边雷锋最美北京人团队、"红旗班组"和北京市总工会"工人先锋号"等荣誉称号。

刘丽艳还带领服务队走进乡镇进行"煤改电"政策入户宣传和走访，推进政府"煤改电"惠民政策落实，并给生活困难用户赠送爱心卡。在首都新机场工程建设中，服务队向新机场施工人员发放用电安全手册，并对涉及的配电室、低压配电箱、电缆等设备进行全面排查。服务队注重开展爱心活动，走进校园给孩子们带去生动的电力知识小课堂。他们走进特殊教育中心，用爱心温暖这里的"折翼天使"。走进部队，为官兵的配电室进行用电隐患排查；走进孤寡老人家中和敬老院，为他们解决用电难题。

2016年12月4日，原中共中央政治局委员、中国志愿服务联合会会长刘淇到服务队进行调研，对服务队志愿服务工作给予肯定，认为服务队是积极探索"行业+志愿服务"发展新模式的典型做法，具有很强的示范作用和推广价值。刘丽艳带领的"红马甲"已经被注入"志愿服务"和"责任担当"的精神内涵，未来，他们还将在爱心奉献的道路上不断充电，为更多家庭带去温暖，送去光明。

第四节　孟祥贤——年过九旬不退岗
心系群众献余热

在大兴区兴丰街道三合南里社区，有这样一位老人，虽已年近九旬，但仍为社区建设贡献着自己的光和热，她就是这个社区的一位普通居民——孟祥贤。孟祥贤，女，1929年3月5日出生（90岁），离休干部，大兴区兴丰街道三合南里社区宣传志愿服务队成员。

一、一种坚持，十九年如一日履行承诺

孟祥贤与居委会结缘，还应该从她离休后说起。离休后，乐于参

与社区建设的孟祥贤来到了居委会，主动承担起了宣传工作。没有固定的宣传场地，没有宣传费用，孟祥贤就用纸壳做成展板把宣传内容抄上去，再配上漫画，将法治及科普内容挂到胡同的墙上，居民们都来围观，识字的读给不识字的听，有的居民怕记不住，还抄下来回家给不能出屋的人看，很受欢迎。

2000年德外拆迁，孟大妈搬到大兴居住。她边制作宣传板边兴致勃勃地说："不上班就有时间找资料制作宣传板了……"19年如一日，孟大妈一直履行着自己的承诺，宣传内容由原先的法治和科普细化到现有的调解、信访、治安、精神文明、文明礼仪、健康科普、计划生育、垃圾分类、北京精神等30多项内容，陆续增加展板2529块。人在大兴，还是割舍不掉对西城区的那份深情。每年的上半年，她都会到西城区德外各个社区居委会展出，下半年再回到大兴各社区展出。在大兴，孟大妈到中学展出未成年人保护法，到大兴周边村镇展出法制、消防、健康知识，再到小学展出安全教育展板。19年来，孟大妈常挂在嘴边的一句话就是，"只要我身体好，我就一直干下去。"

二、一份热心，为群众带去无私的温暖

听说常走石头路能健身，孟大妈就用一尺大小的木板周边围上木条，做成一个小盒子，里边散放一百多个小圆石头，每天穿着袜子站在上面原地踏步踩半小时。经过请教几位中医专家，得到了一致的答复，常走石头路对人体有好处。此后10年来，孟祥贤捡来小圆石头，

陆陆续续做成按摩盒，送给大兴、西城德外社区的居民，邀请他们踩石健身。回访时，只要坚持下来的，都取得了强身健体的效果。废旧电池污染环境，孟大妈就处处留心，见到废电池就拾起来，十多年来，她拾得废电池几千个，都交给了环保部门处理。2008 年，举世瞩目的奥运会在北京举办，作为社区居民代表、楼长，孟大妈积极报名参加了奥运安保志愿者巡逻队，并被推选为第二小组组长。两个多月的巡逻，这个白发苍苍的老人，不顾高温酷暑，不顾年事已高，凭着一份执着的热心，一份对社区的奉献精神，每天带领巡逻组员在社区巡逻，为社区的平安稳定作出了积极贡献。

三、一片真心，架起为群众服务的桥梁

孟大妈学习过幼教知识，在小区院子里，见到成人打孩子等不健康的教育行为，就上前提醒制止，向其讲解科学的教育方法。小学生有不文明行为，也去劝说，孟大妈的爱心感动了他们，在困难居民眼中，孟大妈就是一位银发天使。院内有位居民患了癌症，家里人期盼能了解有关医疗知识，孟大妈知道后，就专程坐车到十里河抗癌专家门诊部找资料，然后送给他们，同时送去了邻居的温暖和真情。还有一次，院里的居民指着一名妇女，告诉孟大妈说，她是疯子，离她远点。孟大妈没听她的劝告，还跟着这名妇女回到家里。得知她患精神病刚出院不久，家中只有她和一个 20 多岁无业的儿子，生活也很困难，孟大妈就找到物业经理，把她儿子安排在院内当保安。精神病人

需要有人常和她交谈，孟大妈就经常到她家，聊聊天、说说心里话，这位居民感动地说："人人都躲着我，只有孟大妈把我当个人。"孟大妈不仅在精神上安慰她，还在生活上帮助她，看到她家的生活困难，与物业公司几次协调，最终帮助她家减免了供暖费。

孟大妈常说："我是一名离休干部，享受国家优厚待遇，我认为离休就是离开工作岗位休息，并没有退出岗位，还是应该为民服务的。我身体很好，就应该为社会、为人民做些力所能及的事，为建设和谐社会奉献余热。"

第五节　宋薛宣——让新时代雷锋精神永飘扬

他叫宋薛宣，一提起他的名字，大兴区无人不知。他代表着奉献，1987年就组建大兴个体户学雷锋义务服务队；他代表着勤劳，复员回家也依然不忘创业；他代表着真诚，自己掏钱资助困难群众；他代表着乐于助人，不惜冒着生命危险营救被困火海的老人。他是新时代的雷锋，知道他的人无不额首称赞。他凭着满腔热血，树立了新时期志愿者的良好形象，让雷锋精神在新时代谱写了新篇章。

宋薛宣是大兴区学雷锋志愿者服务队队长。早在1987年，他就带领社区居民和个体经营户开展学雷锋志愿服务活动。目前，学雷锋志愿者服务队共有队员200余人，开展修锁配钥匙、理发和电器维修等共30余种志愿服务活动。他带领学雷锋便民志愿服务项目进入中国青年志愿服务项目大赛北京赛区 32 强。2015 年，他牵头成立大兴区学雷锋志愿服务联盟，他还曾获"北京市社区志愿者之星"、"首都精神文明建设奖"、"北京市学雷锋标兵"等多个荣誉称号。

一、见义勇为，倾力营救被困群众

2000 年 12 月的一个晚上，观音寺物业某住户屋里起火，一位老人被困，情况万分紧急。他火速赶到现场把门打开，爬着进去，摸到床头，把老人抱起来就走。由于屋内缺氧和大量烟雾，他好久都喘不过气来。老人得救了，他却落下了气喘的毛病。事后有人半开玩笑对他说："老宋，你几次冲进火海，就不怕把你的小命报销喽?"他说："30多年来协同公安局等政府部门等救过无数着火被困者和自杀人员，当时没有多想，也来不及想这些，这就是命令! 因为我是共产党员!"

二、乐于奉献，积极组建志愿团队

2003 年 7 月 1 日，大兴区学雷锋志愿者活动中心成立，地址就设立在他工作的地方——修锁门市部。2004 年 8 月，由于新华书店改建，他把活动中心迁移到兴政东里 17 号楼 2 单元 101 室他的家中，继续向学生和社会各界人士开放，让更多的人前来了解雷锋事迹、学习雷锋精神。十多年，他已接待数万人次参观学习。有人说他傻，如果把房子租出去，一年就少损失几万元，而宋薛宣不这么想。他想，只要大兴区能出现更多的雷锋式人物，他就是当一辈子傻子也值！

二公司大院谢永昌和爱人刘淑珍都是残疾人，他每天都看到刘淑珍拉着盲人丈夫去捡瓶子，感觉他们生活很困难，就想帮他们。可是宋薛宣也不富裕，想来想去，他决定组织学雷锋志愿者团队，在业余时间，一起为残疾人多做点实事。于是，他组织团队做了20个爱心箱放到学校，发动更多的学生"捡一个瓶子，献一份爱心"，引导学生从小树立关爱弱势群体的思想。截至目前，学雷锋志愿者团队已捡回几十万个瓶子，分送给困难家庭，从一点一滴改善他们的生活条件。

三、勇于担当，热心服务社区居民

2008年6月，宋薛宣住的小区物业与业主没有续签合同，物业撤离。宋薛宣看到这种情况后，主动带领家人对小区进行义务管理，搞卫生、捡垃圾，并且自费修电梯、雇人看大门。在他管理期间，他为小区两个单元楼修建了两条无障碍通道，一直坚持到10月26日新物业接手。在这期间有人不解地问他，"老宋你能坚持多长时间？"宋薛宣告诉她，"我学雷锋30多年，我们雷锋队成立20多年，咱们小区需要我服务多长时间，我就能服务多长时间。"

四、知恩图报，尽心经营开锁事业

1984年，宋薛宣来到第二故乡大兴创业，得到好多好心人的帮助,他用专业修锁配钥匙回报社会,回报好心人和收留他的这片热土。"宋记开锁"开业至今,长期对现役军人、残疾人以及70岁以上的老人半价收费。人家都以挣钱为目的,而宋薛宣却到处普及锁知识,让更多的人了解锁知识,确保家庭安全。他曾经在中华世纪坛开展了持续六天的锁知识普及活动,北京市政法委副书记段桂青感动于他的事迹,特送他六个字:"平凡中见伟大"!

宋薛宣乐于助人的事迹还有很多很多,几天几夜也说不完。他经常对家人说,"我们想得到别人的帮助,首先你要学会帮助别人,学雷锋做好事,吃亏奉献都是福。"新时代,我们要向宋薛宣学习,让雷锋精神代代相传。

第六节　王彬——不忘初心　奋勇前行
做青年创业梦想的同路人

王彬,男,35岁,现任北京中科远行文化传播有限公司总经理,"爱我大兴社区"创办者,青年创业促进会导师,大兴区青联委员、第四届人大代表。作为一名青年创业者,多年来,王彬同志勤于钻研、爱岗敬业,始终把本职工作作为实现自己人生理想追求和职业发展信念的舞台,在热心奉献中畅舒志愿情怀,引领青年成长。

一、从严从实，锻造创业本领

2006 年，本着"和谐、公益"的工作理念，王彬创建了"爱我大兴社区"网站。12 年来，网站不断壮大，已经拥有注册会员近百万人，是大兴区最大的网络社区，成为汇聚新区青年群体、凝聚新区青年力量的网络平台。

1980 年出生的王彬，展现出"80 后"的强大魅力。王彬是个明确自己未来方向的人，他一直怀揣着创业梦，这个"80 后"青年在大学期间，就已经有了明确的创业构想，决心成就自己的一番事业。他早在 2003 年，就注册了北京中科远行文化传播有限公司，将自己的创业梦付诸实践。

作为一名共青团员、一名创业者，王彬时刻严格要求自己，在心中牢固树立起为客户服务这个宗旨。从他的嘴里很少听到"困难"二字，他总能将困难消化于自身，以积极阳光的心态战胜困难，帮助客户和同事的事迹为大家所津津乐道，赢得了客户和同事们的信任和肯定。

二、不畏困难，争做创业标兵

作为一名青年创业者，王彬同志勤于钻研、爱岗敬业，始终把本职工作作为实现自己人生理想的舞台。

创业之路充满了困难和艰辛，但是他没有放弃自己的梦想，始终保持饱满的工作激情，并通过创新工作方式来化解工作中的种种难题，通过广泛的宣传和不懈的努力为自己的公司积累很好的口碑。截至目前，"爱我大兴社区"网站从最开始的几个人关注，到现在拥有注册会员百万人，从起初的两三个人发帖到如今发帖量达到将近1000万，已成为真正意义上的地区门户网站。

三、勤奋有为，筑牢敬业精神

求木之长者，必固其根本。无论白天黑夜，无论严寒酷暑，都能看见王彬同志辛勤工作的身影。对他来说，全年无休、随时以客户的时间为自己的工作时间是再平常不过的事了。常常客户一个电话，便会立马放下手中的碗筷，以最快的速度出现在客户的身边，为他们提供最优质的服务和最贴心的帮助。

2011年，王彬加入大兴区青年创业促进会导师队伍，把自己的创业经验分享给有创业梦想的新区青年，致力于为青年服务。作为导师队伍中为数不多的"80后"，他坚信，人生的每一步都贵在坚持，只有真正坚持下来的人，才能笑到最后。

四、热心奉献，引领青年成长

作为大兴团区委下属的青年汇，"爱我大兴社区"承担着凝聚青年、汇聚青年的责任。十年来，王彬和他的团队在各类志愿活动中都留下了身影。组织向孤儿院捐款捐物、开展"哀悼日，让我们点燃烛光为去者照亮天堂的路"活动、组织"感受雷锋精神——温馨之家图书捐赠活动"、联合黄村镇团委组织公益植树活动、联合大兴区卫生局献血办开展无偿献血活动、联合大兴团区委组织公益植树活动、组织"公益志愿甘肃行"活动、"情系灾区，点亮希望"公益祈福活动等。一次次的志愿活动，王彬都在其中，都走在前列。

当前，随着经济社会的高速发展，大量新鲜事物快速进入大家的生活，尤以网络最具代表性。王彬希望自己的社区除了能够给大家带来快乐，更多的是能够带来对生活的思考和对生命的感悟。取得一些成绩后，他没有松懈，没有自满，而是时刻告诫自己："我要做一名战士，促进大兴区青年事业更上层楼，百折不挠，奋勇前进。也许不能做到完美，但力争做得更好。"

做好志愿活动，不是敲锣打鼓、轻轻松松就能实现的，需要付出长久而艰苦的努力。王彬的创业之路还很漫长，他将在学习中不断借鉴、不断进步，在新时代展现青年创业者的风采。

结　语

习近平总书记强调，志愿服务是社会文明进步的重要标志，志愿者事业要同"两个一百年"奋斗目标、同建设社会主义现代化国家同行。① 志愿服务事业乘着改革开放的春风，应运而生、应时而起，逐渐走上中国特色发展道路。北京市大兴区作为我国志愿服务发展史上"志愿兴城"的典型代表，其志愿服务事业的发展离不开目前"大有可为的历史机遇期"，是改革开放 40 年来大兴区取得的巨大社会成就之一；同时，大兴志愿服务事业也面临着创新发展、转型升级的挑战。

一、志愿兴城的发展趋势

志愿兴城，是贯彻落实党的十九大精神、推进志愿服务制度化的破题之举，它将有效助力新时代文明实践中心建设，提升全国文明城市创建的质量与活力。伴随志愿"兴"城的实践和创新，大兴区的

---

① 《习近平为志愿者点赞：你们所做的事业会载入史册》，2019 年 1 月 19 日，见中国青年网 http：//news. youth. cn/sz/201901/t20190118_ 11848315. htm。

志愿服务事业取得了巨大的提升，实现了从量变到质变的飞跃。

一是动员模式由行政动员为主转变为行政力量主导、社会力量协同、社会个体自愿参与。随着志愿服务社会影响力的不断扩大，志愿服务社会认可度的日益提升，志愿者和志愿组织的社会参与度不断加深。志愿精神持续闪光，靠的不仅是自发的善念和善举，还要依靠各方合力和制度保障，行政力量更多地发挥主导作用，在更高层次上通过推进志愿服务制度化，为志愿者和志愿服务组织提供充分的保障和成长空间。

二是服务理念从注重社会个体的无私奉献转变为助人自助、全社会互助服务。"奉献　友爱　互助　进步"的志愿精神的落脚点在"进步"，进步不仅仅是通过志愿服务满足了服务对象的需求，还体现在志愿者个人助人自助，将投身公益行动还原为创造人生价值。"尽我所能，解民所盼；快乐奉献，互助共进"，这种状态才是新时代志愿服务的常态。志愿者和志愿服务对象的共同进步，也才能促进社会和谐进步，达成善治。

三是参与规模从少数人群参与转为社会全员参与。社会文明程度的提高伴随着人们社会参与意识逐渐凸显、社会参与意愿逐步明确、社会参与能力不断增强。志愿服务成为人们进行社会参与的主要方式，成为大部分人的生活方式和生活习惯。服务门类齐全、年龄结构合理、全员参与的志愿服务队伍逐渐建立，"志愿服务人人可为、时时可为、处处可为"不再仅仅是一句口号。

四是志愿服务质态得到专业提升。人民群众需要在哪里，志愿服务的领域就拓展到哪里，这是志愿服务具有持久生命力的源泉。随着社会发展，人民群众对志愿服务的需求已经从维持基本生活需要拓展到追求更加优质美好的生活。发挥广大志愿者所长、所能，才能解决广大人民群众的迫切期盼。志愿服务的精细化、专业化因此成为发展大趋势，这主要体现为坚持问需于民，以制度形式确立志愿者的人民主体地位，充分发挥广大志愿者的专业技能，用专业服务来服务他人、奉献社会、提升自己。

二、志愿兴城的发展机遇

（一）社会治理现代化的大格局将志愿服务摆在了空前重要的位置

党的十九大报告明确提出，要"推进诚信建设和志愿服务制度化"，"完善社会救助、社会福利、慈善事业、优抚安置等制度，健全农村留守儿童和妇女、老年人关爱服务体系"，"打造共建共治共享的社会治理格局"等。这体现了志愿服务在社会治理现代化中的重要地位和作用。近几年，志愿服务品牌项目建设中的政府扶持力度逐步增大。在一定意义上讲，政府部门和志愿服务组织都以追求社会公益和社会福利为目标，它们的合作势必能发挥"1+1>2"的效果。以政府购买服务的方式来承载传统意义上的行政管理职能，这不仅符合"强政府大社会"的现代社会发展趋势，有助于政府让渡部分行政管理职责，更加高效地进行社会服务和管理，也满足了志愿服务组织创新发展、转型升级的需要，推动着志愿服务组织不断增强造血能力，增强社会影响力。

（二）信息化时代为志愿服务信息化建设提供了技术支持

志愿服务要与时俱进，贯彻落实党的十九大报告提出的"善于运用互联网技术和信息化手段开展工作"的要求，建设全国性的标准统一的志愿服务信息系统，并加大在全国各省市区的推广力度，以便于实现志愿者和志愿服务组织实名登记注册、志愿服务活动发布、志愿服务信息查询与统计、志愿服务数据的异地迁移、志愿服务证明的下载与打印、志愿者与志愿服务组织奖励监督、志愿服务组织财务信息披露、志愿经验交流分享的网络化、数据化。依托全国志愿服务信息系统的建立有利于志愿服务信息的及时上传和互联互通，只有这样，才能实现全国志愿服务一盘棋，才能够促进精准服务的实现。比如，以大数据技术的成熟和完善为基础来推动移动互联时代的志愿服务供给侧改革，建立实时、精准、高效的志愿活动供需匹配机制。就如网络购入平台一样，信息管理平台可以根据志愿者的活动范围、学历背景、专业特长与兴趣爱好，为志愿者匹配相应的志愿服务活动。再如，随着人工智能的发展，将人工智能引入志愿服务队伍，以逐渐成为现实。

（三）精神文明建设为志愿服务提供了良好的发展环境

随着中国特色社会主义进入新时代，我国精神文明建设不断开拓创新，社会的精神文明程度不断提升，为志愿精神培育提供了良好的社会环境。近年来，社会主义核心价值观深入人心，全党全国各族人民团结奋斗的思想道德基础更加巩固。党和政府不断加强人文关怀，关注民生领域的热点和难点，凝聚社会不同阶层的广泛共识，不断提升社会重大突发事件的处理能力，自尊自信、开放包容、和谐共生的社会心态进一步形成。在这样的社会环境中，人们倾向于加入志愿服务队伍，通过开展形式多样的志愿服务活动来进行社会参与、加强自身的社会化程度。尤其是青少年成长进步的社会文化环境不断净化，青少年思想道德意识得以不断增强。越来越多的青少年志愿者将自身的成长与国家的前途命运结合起来，将服务他人、服务社会与实现个人价值有机结合起来，志愿精神得到了极大的弘扬。

三、志愿兴城的难题与对策

（一）如何避免口号式、运动式的志愿服务？

进入新时代，志愿服务被赋予了更多新的内涵，也被提出了更多的时代要求。志愿服务既指向人民群众如何从中增强获得感，也指向应怎样在制度框架下使得志愿服务被认知、被讨论、被接受、被组织，以革除志愿服务重形式、走过场、轻质量的痼疾，更多地履行社会责任、创造社会价值。首先，要增强志愿服务的专业化。志愿服务不能仅凭一次热心、一时热闹、蜻蜓点水、一哄而散，只有依托制度化的组织、科学化的运作、规范化的管理，才能行稳致远。只有以实现志愿组织专业化破题于前，用一系列细致有效的制度设计承题于后，才充分发挥志愿服务领域宽、渠道广、志愿者来源多样的特殊优势，真正做到"好事久做、难事长做、虚功实做"。其次，要善于讲好志愿服务故事。志愿服务的自愿性、无偿性，决定了志愿服务组织必须在"讲好志愿故事"上下功夫，才能够增强志愿服务的黏性，动员更多志愿者参与其中。在舆论宣传方面，需要顺应互联网时代的信息传播趋势，结合现代社会变迁背景下的人群细分特点、人民思想意识多元化特征，有针对性地讲好志愿故事，以理服人、以情动人，让更广大的人民群众认识到志愿服务是一次愉悦的身心体验、一种快乐的人生经历，将做志愿、宣传志愿变成自己的生活方式。

（二）如何充分激发志愿服务的活力？

改革开放以来，我国逐渐由"大政府小社会"向"强政府大社会"的行政管理方向转变，全能政府正在朝着有效政府模式发展，社会力量获得了更多的生存和发展空间。志愿服务组织蓬勃发展，志愿服务活力得到一定程度的激发。但政府职能转变是一个长期的过程，政府强大的社会动员能力和对社会力量居高临下的管控姿态依然存在，这在某种程度上成为中国特色志愿服务的动员力量，却又在无形之中限制了志愿服务的活力。目前，关于政府与志愿服务的边界问题，大部分政府部门及其公职人员已经转变观念，但依然存在以领导者身份自居，担心过度放手、志愿服务力量过度活跃会增加其管控难度，在某些方面依然以行政命令和行政控制为管理方式。政府以政府财政购买社会服务的方式来扶持志愿服务组织的方式也略显粗放，这主要表现在区别对待不同类型的志愿服务组织：大力扶持具有官方背景或特定人物的志愿服务组织，尤其是挂靠特定的政府部门登记注册的志愿服务组织，而对于"草根"性质组织则更不管不顾、多数情况下任其自生自灭。这会造成志愿服务组织过多依附政府、服从政府、迎合政府，将满足政府的某些需求而不是人民群众的需求作为第一要务，志愿服务组织的社会参与热情受到影响、活动空间明显受限。为了改善这一现象，首先，政府应该转变观念、适度放权，进一步优化政府职能。建立政府与志愿服务组织的新型互动关系，是我国志愿服务事业发展过程中亟待解决的问题。当然，放权并不等于放弃职责，而是完善和优化职权，发挥有效作用。其次，继续落实治理能力和治理方式的现代化，构建多层次、立体化的志愿服务长效机制。各部门应统筹用好行政资源、用活社会资源、挖掘市场资源，落实孵化培育、税收优惠、服务购买、项目培训、监督评估、表彰奖励等政策，通过完善志愿服务法规建设来保障志愿服务组织的生存发展空间。此外，还要加强志愿服务信息化平台建设等。

（三）志愿服务组织如何加强自身建设？

志愿服务组织的发展和成熟是推进我国志愿服务制度化的关键所在。改革开放以来，我国志愿服务组织数量井喷式增长，志愿服务组织建设不断完善，同时也存在着一些问题。首先，志愿服务组织的自身管理不善，主要表现在：组织成员结构不合理，普遍存在专职人员偏少且流动率高、专业水平较为一般等问题；组织领导模式大多属于"个人权威型"和"领袖崇拜型"，除了组织发起人，其他成员对组织发展的贡献和作用有限；部分组织成员对志愿者"重管理轻服务"，将志愿者当成"免费劳动力"，强调或者依赖志愿者的付出，而忽视志愿者的成长发展需求，导致志愿者积极性不高、创造力难以发挥、志愿者流失现象严重，这也直接影响了志愿服务组织的活力；募集资金能力较差，资金来源途径单一且不固定，自造血功能不足，很多志愿服务项目因为缺乏长期稳定的资金保障而中途夭折。其次，志愿服务组织的品牌意识和品牌项目建设能力有待提升。志愿服务组织普遍存在"短期化"和"运动式"的项目运作特点：追求轰动效应，较多考虑项目的短期效果，较少考虑长远的品牌规划；较多围绕重要节日、事件或者重大活动，在特定时间段内集中开展志愿服务活动，较少关注志愿服务的层次和持续性。同时，志愿服务品牌项目建设能力也存在诸多问题，如项目设计开发能力不足、项目化运作成果转化机制不够完善，缺少项目运行的经验，文字材料缺少总结和积累。因此，首先，志愿服务组织要在加强自身建设上下功夫，注重培养富有公益心、专业能力强的专职人员，同时善于经营组织，增强自造血能力；志愿服务事业是公益事业，但运作公益事业的方式可以采取争取政府支持、与企业开展合作等多元方式。其次，增强品牌意识、打磨品牌项目建设能力也是亟待解决的问题。志愿服务组织必须要树立品牌意识，进行长远规划，根据既定的主题和目标循序渐进，使志愿服务项目具有持久的吸引力、生命力和社会影响力。

后　记

　　自 2016 年以来，在总结各地以城市为单位，统筹推进城市志愿服务工作经验的基础上，中国志愿服务联合会先后组织开展了三批共计 46 个城市开展"志愿之城"试点工作。北京市大兴区作为北京市最早被确定为"志愿之城"试点的区（县），其推进志愿服务具有鲜明的特色。北京市大兴区位居京津冀协同发展中部核心区，坐拥新机场，毗邻副中心，连通雄安新区，未来还将形成"五纵两横一联络"交通路网，地理和交通条件十分特殊。近年来，大兴区在社会治理方面的需求不断增大，社会治理投入也随之增加。大兴区于 2015 年 12 月正式提出建设"志愿新城"的目标，制定了志愿新城三年行动计划。大兴区志愿服务管理体制和运行机制进一步健全，围绕重点领域和重点项目，进一步培育和打造志愿服务特色品牌，加强信息平台和制度规范建设，进一步推动志愿服务制度化、常态化发展。同时，大兴区注重推动将志愿服务融入文明创建活动，志愿服务的发展见证着大兴区的一点一滴进步和提升，助力着大兴区城市建设的日新月异，推动着大兴区的飞速发展。总之，北京市大兴区通过有目的、有计划地推动志愿服务的发展，使得志愿服务成为大兴的文化名片；同时，志愿服务又是大兴区提高城市精细化治理、奋力建设首都南部发展新高地的重要抓手。志愿服务推进了大兴文明进程，提升了大兴文明程度和文化软实力，大兴区志愿"兴"城的模式在全国具有典型性，对其展开研究具有重大的理论和实践意义。

本书之所以成稿，一是大兴志愿服务工作推进到了需要进行阶段性总结的时候，二是作为陪伴大兴"志愿新城"走向"志愿兴城"三年多的见证人、研究志愿服务的学者，也应该坐下来梳理、完成相关志愿服务的成果转化。为了全面反映北京市大兴区以志愿服务助力"新"城建设、走向志愿"兴"城的辉煌历程，我们以时间为线索，从志愿"新"城建设项目的提出以及项目启动、调研、发布、三年的实施逐一展开，分析志愿新城建设走向"兴"城的建设经验，在大兴区"志愿新城三年行动计划"收官之际，将这部成果呈现出来。这个"兴"字如同我们本书题目一样，包含了两层意思：一是代表作为志愿之城的大兴，是名词；二是兴盛，是动词，表达了推动志愿服务、助力区域发展，让志愿使大兴更加繁荣兴盛。在本书付梓之际，首先感谢大兴区委、区政府的大力支持，大兴区委常委、宣传部沈洁部长提出志愿服务建设大兴新城的动议。共青团大兴区委委托北京志愿服务发展研究会、由我跟赵少华博士共同负责成立了课题组，研究制订大兴区"志愿新城三年行动计划"。在时任大兴团区委书记徐振涛、区文明办主任张立群、团区委副书记张霄羽、志愿服务指导中心主任李维等全力配合下，2015 年课题组进行了针对大兴区既有的志愿者组织、志愿服务项目等相关志愿服务现状的调研，参与调研的主要有北京志愿服务发展研究会的青年学者。在此基础上，经与委托方多次研讨，课题组提出了"志愿新城三年行动计划"和"志愿服务发展指标体系"的设计。

自 2015 年年底行动计划启动起来，作为行动计划落地实施负责的大兴团区委和大兴文明办付出了巨大的努力，从志愿者全员培训到"志愿服务经理人"培训、从志愿服务项目培育到志愿服务品牌项目推出、从社区志愿服务站点到志愿服务组织完善、从推进志愿服务常态化"时时可为"到"行业+志愿服务"的"事事可为"……2016 年 8 月至 2018 年 9 月，接任履职的大兴团区委书记邓靖力、区文明办主任赵连英及大兴区志愿服务指导中心继续不遗余力地推动大兴区志愿服务事业的发展。而且，我们高兴地看到，现任团区委书记靳璐、团区委副书记陈程及区志愿服务指导中心李维、孙颖、郑天娇、王坤等新一届团委继续推动大兴区志愿服务事业的发展，于 2018 年 12 月 5 日发布了"志愿兴城（2019—2021）"新的三年行动计划。

经过不懈努力，大兴志愿服务取得了丰硕的成果：成为全国"志愿之城"示范地区、志愿服务项目获得北京市小微项目支持计划数量排全市各区（县）之首、志愿服务品牌项目获得全国志愿服务项目大赛金奖、公益创业项目获得全国银奖，等等。大兴区的实名注册志愿者从 2015 年的 10.8 万人增长至 31 万人；占常住人口的 19.76%，每 5 个人就有 1 位志愿者，这是北京大兴区创建志愿新城近三年来的成绩。大兴区推出的"大兴老街坊""爱心 4：30"等志愿服务品牌项目在群众中反响强烈，其探索的"行业+志愿服务"发展新模式，提出打造"人人愿做志愿者，处处可以做善事"的志愿新城倡议，得到区内群众高度认可。

这期间北京志愿服务发展研究会组织了实务和理论方面的专家团队进行项目指导、督导，志愿服务理论和实务培训，他们是北京语言大学教授卢德平、北京城市学院副教授王育、中国青年政治学院副教授江汛清、北京联合大学副教授宋志强、中国志愿服务联合会研究部代恒猛部长、中国心理协会妇女专委会志愿服务专家杨波秘书长、北京市残联助残志愿服务专家韩润峰、北京市志愿服务联合会项目专家罗永生与和韧、北京青年政治学院副教授许莲丽、北京工业大学教师苏超莉、北京高校思政课特级教授罗道全、北京建筑大学文法学院社会工作系副教授晁霞、北京信息科技大学教师田丽娜等。

三年来，北京志愿服务发展研究会陪伴并见证了大兴志愿服务由"志愿新城"建设走向"志愿兴城"的发展历程，深感与他们"志"同道合，也欣然接受了这个成果转化的任务。2017 年，在大兴区志愿服务联合会的协助下，本书完成策划立项并开始了相关的材料收集工作和整理，2018 年年初我们与委托方沟通后达成了共识，建立了本书的逻辑框架并开始了撰写。其中，收录于附件的"大兴志愿服务大事记"由大兴区志愿服务指导中心提供，本书第二章第一节主要借鉴了北京志愿服务发展研究会的青年学者们完成的调研报告，包括在中国农业大学马克思主义学院赵少华副教授的指导下，由中央民族大学博士研究生辛媛媛撰写的"政府事业单位发起的志愿服务组织和支持型志愿服务组织的调研报告"、中国农业大学硕士研究生李维鸿撰写的"企业志愿服务调研报告"、北京工业大学教师苏超莉撰写的"高校及草根志愿服务组织调研报告",感谢他们!也感谢北京印刷学院教师张燕玲,大兴"志愿新城三年行动计划"期间,她曾服务于大兴区志愿服务指导中心,为本文案例部分的成稿提供了大量素材,非常感谢她!在此还要感谢人民出版社汪逸编辑,在本书策划之初就与我们达成共识、成为我们的同路人,一路携手直至完成付梓。

最后,感谢大兴的志愿者以及为大兴志愿服务事业无私奉献的所有人,是你们成就了这本书稿,你们才是真正的作者。

张晓红

2019 年 1 月于北京

主要参考文献

图书文献

· 《马克思恩格斯文集》第 1 卷,人民出版社 2009 年版。

· 《习近平谈治国理政》第二卷,外文出版社 2017 年版。

· 《习近平谈治国理政》第一卷,外文出版社 2018 年版。

· 刘孜勤:《雷锋精神与中国》,辽宁教育出版社 2011 年版。

· 甘绍平:《人权伦理学》,中国发展出版社 2009 年版。

· 塞缪尔·亨廷顿等:《难以抉择——发展中国家的政治参与》,华夏出版社
1989 年版。

· 北京志愿服务发展研究会:《中国志愿服务大辞典》,中国大百科全书出版
社 2016 年版。

· 陆士桢:《中国特色志愿服务概论》,新华出版社 2016 年版。

· 〔美〕马克·A. 缪其克、约翰·威尔逊:《志愿者》,魏娜等译,中国人民
大学出版社 2013 年版。

· 齐格蒙特·鲍曼:《现代性与矛盾性》,邵迎生译,商务印书馆 2003 年版。

· 余双好:《志愿服务概论》,武汉大学出版社 2013 年版。

· 樊浩等:《中国意识形态报告——当前我国思想道德文化多元多样多变的特
点和规律》,东南大学出版社 2009 年版。

· 迟云:《社会的良心与善行——聚焦社会志愿服务》,山东教育出版社 2014
年版。

其他文献

· 习近平:《决胜全面建成小康社会　夺取新时代中国特色社会主义伟大胜

利——在中国共产党第十九次全国代表大会上的报告》,《人民日报》2017 年 10 月 28 日。

·韩喜平、孙贺:《共享发展理念的民生价值》,《红旗文稿》2016 年第 2 期。

·叶边、罗洁、丁元竹等:《中国志愿者:进步与差距》,《世界知识》2008 年第 14 期。

·黄晓鹏:《美国志愿服务观察及其启示》,《中国青年研究》2012 年第 11 期。

·党秀云:《论志愿服务的常态化与可持续发展》,《中国行政管理》2011 年第 3 期。

·陆桂英:《用高标准的志愿服务推动城市文明进步》,《杭州(周刊)》2016 年第 1 期。

·钟凯凯:《大学评估运动:"组织化动员"的概念、特征与悖论》,《浙江社会科学》2012 年第 5 期。

·《党员干部要做志愿服务事业引领者》,2016 年 7 月 12 日,见中国文明网 http://www. wenming. cn/wmpl_ pd/msss/201607/t20160712_ 3515022. shtml。

·于君博、童辉:《项目制:一种新的国家治理模式的文献综述》,《南京农业大学学报》(社会科学版)2016 年第 3 期。

附录：志愿兴城三年行动大事记

时　间	事　项	备　注
2015 年 7 月 10 日	时任大兴区委常委、宣传部部长沈洁、团委书记徐振涛一行到市志联参观访问	
2015 年 7 月 14 日	沈洁部长召开工作部署会，团区委、文明办相关负责同志参会	
2015 年 8 月 3 日	大兴区志愿者帮助抗战老兵圆梦北京	优秀志愿者队伍大兴区学雷锋志愿者服务队和大兴供电公司共产党员服务队联合北京市慈善义工协会、天使公益志愿者社团等志愿者队伍，陪同抗战老兵苏学才老人度过了愉快而充实的一天
2015 年 8 月 11 日	北京志愿服务发展研究会专家团到大兴区开展志愿服务专题调研	
2015 年 8 月 13 日	市专家团与团区委洽谈大兴区志愿服务发展情况调研课题合作协议事宜	
2015 年 8 月 20 日	在大兴团区委四层会议室组织基层镇街开展志愿服务专题座谈	公安、卫生、教委、民政、社工委、黄村、亦庄、西红门、清源、林校 10 家志愿服务工作负责人

续表

时　间	事　项	备　注
2015年 8月20日下午	参观林校路街道饮马井社"有事您说话"志愿服务项目	
	参观清源街道滨河西里社区"老党员小天使"志愿服务项目	
	参观心之露社工事务所"阳光助残"志愿服务项目	
2015年8月25日	大兴区—开发区志愿服务联合会成立	
2015年 8月28日上午	在大兴区团区委一层会议室组织驻区学校和草根组织开展志愿服务专题座谈	爱我大兴社区网、朗润、心之露、清源街道志愿服务协会、应急先锋志愿服务队、天恒突击队、航空旅游专修学院、政法职业学院、十万八千里9家志愿服务工作负责人及电池达人、环保志愿者王自新
2015年 8月28日下午	参观爱我大兴社区网	
	参观枣园社区服务站"爱心四点半"志愿服务项目	
2015年 9月1日上午	课题组访谈沈洁同志	
2015年 9月1日下午	参观黄村镇新兴家园社区	
	参观黄村镇枣园尚城社区	
2015年9月8日	课题组访谈王有国书记	
2015年 9月9日上午	对开发区企业志愿服务开展情况进行调研	京东方显示、中国杂技团、博大开拓热力、富士康、中建二局一公司、恒屏嘉泰、金风科技、加多宝和亦家人等9家志愿服务工作负责人
2015年 9月9日下午	参观恒屏嘉泰应急服务项目	
	参观加多宝志愿服务项目	

时　间	事　项	备　注
2015 年 9 月 11 日上午	邀请谭建光老师举办题为"关于志愿服务的制度化与常态化"的专题讲座	
2015 年 9 月 11 日下午	组织到大兴区教委开展志愿服务专题座谈	
2015 年 9 月 15 日上午	赴荣华街道召开志愿新城建设座谈会	博兴街道、荣华街道、亦庄镇、瀛海镇、旧宫镇、青云店镇
2015 年 9 月 15 日下午	赴安定镇召开志愿新城建设座谈会	长子营镇、采育镇、安定镇、魏善庄镇、礼贤镇
2015 年 9 月 16 日上午	赴庞各庄镇召开志愿新城建设座谈会	北臧村镇、榆垡镇、庞各庄镇、林校路街道、天宫院街道
2015 年 9 月 16 日下午	赴黄村镇召开志愿新城建设座谈会	黄村镇、西红门镇、高米店街道、清源街道、兴丰街道、观音寺街道
2015 年 9 月 16—20 日	赴广东、深圳调研志愿服务	
2015 年 9 月 17 日	大兴区志愿服务联合会组织社区敬老主题活动	
2015 年 9 月 25 日	大兴区优秀志愿服务项目入围全国志愿服务项目大赛	大兴区共申报 21 个项目参与大赛。最终，国网北京大兴供电公司共产党员服务队电力延伸服务项目和大兴区学雷锋志愿者服务队便民服务项目入围全国赛，作为北京市 32 支队伍中的代表参与决赛
2015 年 9 月 30 日	大兴区志愿者服务 9·30 烈士公祭活动	团区委组织 60 名志愿者到清源公园烈士纪念广场参加新区烈士公祭活动，为来自新区各界的 2000 余人提供了志愿服务保障

续表

时　间	事　项	备　注
2015 年 10 月 16 日	大兴团区委组织新区志愿者参加文明游园主题系列宣传活动	由区委宣传部、区文明办、区旅游委、团区委主办，南海子公园管理处协办的文明游园系列主题宣传活动在念坛公园举行。按照活动的总体部署，大兴团区委承担此次活动的志愿者保障工作，50 名来自镇街及社区的志愿者们为此次活动提供了志愿服务工作
2015 年 10 月 19—20 日	中国志愿服务联合会秘书长赵津芳到大兴区调研志愿服务工作	参观点：1. 清源街道枣园社区；2. 世界月季洲际大会会场之——纳波湾月季园；3. 参观中国志愿主题园、博物馆备选地——古老月季园
2015 年 11 月 6 日	新区志愿者助力第五届社会工作行业组织大会——大兴区"爱在身边"公益项目启动仪式	大兴团区委、区志愿服务联合会组织来自驻区高校、优秀志愿服务组织和社区的 50 余名青年志愿者为当天的活动提供了志愿服务保障
2015 年 11 月 18—19 日	圆满完成 2015 中国设计节活动志愿者保障活动	大兴团区委、大兴区志愿服务联合会组织驻区高校北京旅游专修学院及社会的 50 名志愿者为本次活动提供志愿服务保障
2015 年 10 月 22 日	志愿新城三年行动计划发布暨 2016 世界月季洲际大会志愿者招募启动式	1. 发布大兴区志愿服务联合会会徽 2. 启动大兴区志愿新城公益项目支持计划 3. 表彰大兴区志愿服务优秀典型 4. 启动 2016 年世界月季洲际大会志愿者招募
2015 年 11 月 30 日	大兴区志愿服务联合会召开第二次常务理事会会议	大兴区志愿服务联合会常务理事会第二次会议在大兴区委六层会议室成功召开

时　间	事　项	备　注
2015 年 12 月 5 日	大兴区召开志愿新城三年行动计划发布暨 2016 世界月季洲际大会志愿者招募启动式	12 月 5 日，在大兴区文化活动中心召开了志愿新城三年行动计划发布暨 2016 世界月季洲际大会志愿者招募启动式。来自区志联理事单位，各镇、街道志愿服务组织负责人，驻区高校青年志愿者代表等 200 余人参加了当天的活动
2015 年 10 月 22 日	大兴区志愿服务联合会组织北京市女子监狱志愿服务工作对接会	
2015 年 12 月 8 日	举办"邻里守望情、志愿中国行"志愿服务成果展大兴区巡展	
2015 年 12 月 5 日 至 2016 年 1 月 5 日	召开了大兴区 2016 年志愿新城建设推进会	
2016 年 1 月 15 日	大兴区召开 2016 年志愿新城建设推进会	
2016 年 1 月 21—22 日	大兴区成功举办首期志愿服务经理人培训班	
2016 年 1 月 21—22 日	22 个镇街相继成立志愿服务协会	
2016 年 1 月 至 2 月	召开志愿服务重点工作座谈会	1. 2 月 17 日上午，召开了志愿家庭工作对接座谈会 2. 2 月 17 日下午，召开了女子监狱志愿服务工作站筹建事宜座谈会 3. 2 月 22 日上午，召开了 2016 世界月季洲际大会志愿服务工作相关事宜座谈会 4. 2 月 22 日下午，赴海淀学习交流志愿服务项目大赛相关事宜
2016 年 2 月 26 日	2016 年志愿服务品牌项目支持计划研讨会	

时　间	事　项	备　注
2016 年 2 月 17—22 日	2016 年志愿服务品牌项目支持计划研讨会	
2016 年 2 月 26 日	大兴团区委到访北京市志愿服务联合会进行交流学习	
2016 年 3 月 2 日	大兴团区委到访北京市志愿服务联合会进行交流学习	
2016 年 3 月 2 日	志愿服务品牌项目支持计划专家咨询会	
2016 年 3 月 4 日	大兴区"志愿家庭"行动计划正式启动	
2016 年 3 月 4 日	开展"学雷锋　迎盛会　展风采"暨 2016 世界月季洲际大会志愿服务主题活动	
2016 年 3 月 8 日	大兴区召开 2016 年志愿服务品牌项目支持计划初审会	
2016 年 3 月 8 日	志愿服务品牌项目支持计划专家咨询会	
2016 年 3 月 24 日	大兴区组建志愿服务专家顾问委员会并进行品牌项目立项评审会	
2016 年 3 月 31 日	举办入围志愿服务项目优化指导暨志愿服务经理人第二期培训	
2016 年 3 月 31 日	大兴团区委召开 2016 年大兴区志愿服务品牌项目支持计划座谈会	
2016 年 4 月	团区委开展 2016 年世界月季洲际大会志愿者面试工作	此次志愿者招募面试工作共涉及北京大学、清华大学、中国公安大学、北京建筑大学、北京石油化工学院等 12 所高校
2016 年 3 月 16 日	团区委召开 2016 年世界月季洲际大会高校志愿者对接部署会	

续表

时　间	事　项	备　注
2016 年 4 月 7 日	大兴区志联为首家社区志愿服务站揭牌	2016 年 4 月 7 日下午，大兴区志愿服务联合会在枣园社区居委会开展了大兴区清源街道枣园社区志愿服务站揭牌暨品牌志愿服务项目对接活动
2016 年 4 月 13 日	成功举办北京市女子监狱志愿服务站建站启动仪式	
2016 年 4 月 16 日	举办 2016 年世界月季洲际大会志愿者誓师暨培训大会	
2016 年 4 月 17 日	举办 2016 年世界月季洲际大会志愿者誓师暨培训大会结业仪式	北京市志愿服务指导中心主任郭新保、团区委书记、区志联副会长兼秘书长徐振涛、市志愿服务指导中心项目发展部部长肖树生、北京工业大学党委办公室、校长办公室副主任任炜、市志联机关干部、团区委机关干部、志愿服务工作组人员及 12 所高校志愿服务工作领队和志愿者等约 600 余人参加活动
2016 年 4 月 21 日	大兴区"志愿家庭"行动计划启动式暨"我与月季共成长"红领巾志愿家庭项目发布活动	
2016 年 4 月 27 日	召开月季洲际大会志愿服务工作动员会	
2016 年 4 月 28 日	大兴团区委组织 2016 年世界月季洲际大会志愿者骨干实地踏勘	市志联项目部部长肖树生、副部长刘赢、团区委机关干部及区内外 12 所高校团组织负责人、志愿者骨干等 60 余人参加了当天的活动

时　间	事　项	备　注
2016年5月4日	举行2016年世界月季洲际大会5月4日第二次压力测试	2016年世界月季洲际大会压力测试在月季主题园、月季博物馆、文化交流中心、室内展举行，市志愿服务指导中心主任郭新保、市志愿服务指导中心项目发展部部长肖树生、团区委机关干部、志愿服务工作组人员及7所高校、社会志愿者等300余人参加了本次活动
2016年5月12日	举行2016年世界月季洲际大会第三次压力测试	
2016年5月28日	大兴区志愿者服务第28届北京大兴西瓜节开幕式	5月28日上午，第28届北京大兴西瓜节在庞各庄西瓜小镇拉开序幕。大兴团区委、区志联、庞各庄镇志愿服务协会组织青年志愿者、世界月季洲际大会服务的优秀志愿者代表共40余人参与了当天的活动
2016年5月22日	志愿者助阵"花绘北京·悦跑大兴"半程马拉松活动	5月22日上午，首届"鸿坤杯""花绘北京、悦跑大兴"半程马拉松活动在大兴区魏善庄镇举办，区志联、团区组织了来自高校青年志愿者、红十字会医疗救助志愿、属地治安志愿者400余人参加了当天的活动，为现场近5000名选手和嘉宾提供了交通指引、秩序维护、医疗救助、中途补给等服务
2016年6月21日	大兴团区委组织区内禁毒志愿者参加禁毒公益活动	2016年6月21日，在第29个禁毒日到来之际，为切实提高全民禁毒意识，大兴团区委权益部组织区内各镇、街道196名禁毒志愿者到中国公安大学参加由国家禁毒委、中国禁毒基金会联合举办的央视"2016禁毒公益慈善特别节目——生命礼赞"

续表

时　间	事　项	备　注
2016 年 7 月 2 日	大兴区志愿者助力"快乐健康路，温馨组工情——走进美丽大兴"徒步健走活动	7 月 2 日，"快乐健康路，温馨组工情——走进美丽大兴"徒步健走活动在榆垡镇梦幻紫海香草园举办。大兴团区委、区志联联合榆垡镇志愿服务协会、北京石油化工学院团委、首都师范大学科德学院团委共同招募青年志愿者 70 余人，为来自北京市 16 区县和委办系统的 2000 余名组织系统的干部职工和家属提供了志愿服务保障工作
2016 年 7 月 5 日	大兴区志愿服务联合会召开第三次常务理事会议	7 月 5 日下午，大兴区志愿服务联合会在政府六楼大会议室召开了第三次常务理事会议，副会长单位主要领导、主管领导以及其他常务理事 20 余人参加会议
2016 年 8 月 25 日	大兴区召开 2016 世界月季洲际大会志愿者表彰暨志愿新城工作推进会	
2016 年 9 月 27 日	大兴区"行业+志愿服务"工作推进会圆满召开	9 月 27 日上午，大兴区志愿服务联合会在大兴宾馆多功能厅召开了"行业+志愿服务"工作推进会，相关委办局志愿服务主管领导、负责人及各镇街宣传部部长、团委书记约 150 余人参加了本次会议
2016 年 9 月 28 日	志愿者助力新区"不忘初心，继续前进"主题活动	
2016 年 9 月 30 日	青年志愿者服务大兴区 2016 年烈士公祭活动	团区委组织招募 60 名青年志愿者为活动现场提供了志愿服务保障

续表

时　　间	事　项	备　注
2016 年 国庆节期间	大兴区举办"最美一米风景"文明游园主题志愿服务活动	国庆假日期间，南海子公园管理处联合区文明办、区旅游委、团区委等部门在埝坛公园举行共同打造"最美一米风景"主题宣传活动。文明引导员志愿者代表、文明游园志愿者等参与活动。活动共持续七天，共有 68 名志愿者参加文明志愿活动，成功制止不文明行为 367 起
2016 年 10 月 9 日	大兴区举行"青春伴夕阳，敬老我先行"敬老月主题志愿服务活动	10 月 9 日下午，由区志联、团区委、区教委联合举办的"青春伴夕阳，敬老我先行"主题志愿活动在新秋老年公寓举行。来自大兴一职、大兴七中、大兴区学雷锋志愿服务队的 50 名志愿者参加了此次活动
2016 年 10 月 14 日	大兴团区委召开消防支队"行业+志愿服务"工作会	会议主要就社区消防宣传大使在行动活动实施方案和启动第二十六届 119 消防宣传月活动两方面进行沟通，双方对两项活动的内容、流程进行讨论，包括共享资源、如何将双方的工作有机地进行结合和融入等。区消防支队宣传科负责人针对《大兴区行业引领促进志愿服务发展的实施方案》中有疑惑的地方进行咨询
2016 年 10 月 17 日	召开 2016 年大兴区志愿服务品牌项目支持计划工作会	
2016 年 10 月 18 日	大兴区志联召开"文明交通我先行"主题志愿服务工作推进会	
2016 年 10 月 19 日	大兴团区委助力林校路街道第十一届社区邻里节活动	

续表

时　间	事　项	备　注
2016 年 10 月 21 日	大兴区 2016 年志愿服务品牌项目支持计划专家座谈会顺利召开	2016 年 10 月 21 日上午，在国家教育行政学院（校长大厦）专家公寓二楼贻芳厅召开。团区委书记邓靖力、区委社会工委、民政局、文明办、综治办、团区委志愿服务工作主管领导，5 名大兴区志愿服务专家顾问团成员、4 名项目负责人代表以及项目组成员约 30 余人参加了本次座谈会
2016 年 10 月 28 日	大兴区开展"文明交通我先行"主题志愿服务活动	10 月 28 日，团区委、区文明办、区公安分局交通支队联合举办的大兴区示范路口创建暨"文明交通我先行"志愿服务活动正式启动。大兴区学雷锋志愿服务队、文明交通引导员志愿服务队、大兴供电公司党员志愿服务队、育人慈善义工队的 40 名志愿者在大兴区 4 个主要交通路口开展文明引导志愿服务活动
2016 年 11 月 2 日	召开大兴区志愿服务品牌项目支持计划中期培训会暨第三期志愿服务经理人培训班	大兴团区委书记邓靖力，市志联专家、区志联专家顾问委员会成员韩润峰，各相关委办局、镇、街道团委书记和志愿服务工作负责人以及 100 个志愿服务项目负责人共 150 人参加了此次培训
2016 年 11 月 8 日	大兴区第二十六届 119 消防宣传月活动暨"社区消防宣传大使在行动"启动仪式顺利举办	11 月 8 日，大兴区第二十六届 119 消防宣传月活动暨"社区消防宣传大使在行动"启动仪式在大兴区文化活动服务中心隆重举办。各镇、街道消防工作站的工作人员及兴丰街道、林校路街道两社区的 200 余名消防宣传志愿者参与了当天的活动

续表

时 间	事 项	备 注
2016 年 11 月 17 日	区志联召开 2016 年大兴区志愿服务品牌项目中期评审会	11 月 17 日上午，2016 年大兴区志愿服务品牌项目中期评审会在校长大厦成功召开。来自团市委、北京志愿服务发展研究会、相关高校的项目评审专家，区志联五家副会长单位的志愿服务主管领导，区志愿服务指导中心负责人，区社会组织发展服务中心负责人以及相关志愿服务工作人员参与了本次会议
2016 年 12 月 12 日	青年志愿者参加"联动 2016"大兴廊坊森林火灾扑救应急演练	
2016 年 12 月 16 日	2016 年大兴区志愿服务品牌项目支持计划终期评审暨志愿服务经理人培训班第四期顺利召开	
2016 年 12 月 29 日	大兴区志愿者助力"筑梦京津冀 魅力文化行"精品文化交流活动	12 月 28 日，"筑梦京津冀魅力文化行"精品文化交流活动暨大型原创组歌《新航城随想》音乐会在大兴区少年宫大剧场拉开帷幕，根据活动的总体计划及要求，大兴团区委组织驻区高校北京新媒体技师学院的 30 名青年志愿者为活动提供志愿服务保障
2017 年 1 月 5 日	大兴区"人人参与志愿 文明引领发展"主题志愿服务活动在长子营镇留民营村举行	
2017 年 1 月 12 日上午	大兴区志愿服务联合会在大兴宾馆二楼会议室召开了"大兴区志愿服务品牌项目支持计划"汇报会	
2017 年 1 月 17 日上午	五星志愿者代表到新秋老年公寓看望老志愿者	

续表

时 间	事 项	备 注
2017 年 1 月 22 日上午	大兴区全面推行"文明交通我先行"志愿服务活动	
2017 年 1 月 18 日上午	大兴区志愿服务联合会在大兴宾馆召开了一届四次常务理事会议	区委常委、宣传部部长、区志愿服务联合会会长沈洁同志出席，区文明办、民政局、综治办、社工委、团区委副会长单位主要领导、主管领导以及其他常务理事 30 余人参加了会议
2017 年 2 月 9 日下午	大兴团区委与北京经济技术开发区团工委召开志愿服务工作座谈会	2 月 9 日下午，大兴团区委和开发区团工委在开发区博大大厦共同研究 2017 年志愿服务工作。大兴团区委书记邓靖力、开发区团工委书记闫英、团区委副书记张霄羽及大兴区—开发志愿服务相关工作人员参加了座谈会
2017 年 2 月 22 日下午	在团区委会议室召开 2017 年志愿服务品牌项目支持计划实施前汇报会	
2017 年 2 月 28 日上午	在区政府 721 会议室召开区领导参与"学雷锋"志愿服务主题活动协调会	区委常委、宣传部部长沈洁，区文明办主任赵连英，团区委书记邓靖力及相关责任单位主管领导参加了此次会议
2017 年 3 月 5 日	"青春正能量、志愿我先行"北京大兴新媒体产业基地 2017 年志愿服务工作启动仪式顺利举行	
2017 年 3 月 2 日上午	大兴区学雷锋志愿服务队开展了"凝聚志愿力量，为我大兴服务"主题活动	

续表

时　间	事　项	备　注
2017 年 3 月 3 日	"一起来志愿，爱心满新区"大兴区—开发区学雷锋志愿服务季启动	共青团北京市大兴区委员会、共青团北京市委经济技术开发区工作委员会、北京市大兴区志愿服务联合会、北京经济技术开发区志愿服务联合会联合举办"一起来志愿，爱心满新区"大兴区—开发区学雷锋志愿服务季启动活动
2017 年 3 月 3 日	新区启动了学雷锋志愿服务季系列活动，活动开展 10 多天来，新区各界开展了各种形式的志愿服务，区委书记、开发区工委书记谈绪祥，区人大常委会主任邵恒等区领导也纷纷走进一线，参与到志愿活动中来	
2017 年 3 月 16 日上午	大兴区志愿服务联合会在大兴区社会组织发展服务中心召开 2017 年志愿服务品牌项目支持计划研讨会	
2017 年 3 月 23 日	团区委联合区城管局在局西配楼二层会议室召开"搏击青春，激畅人生，绽放志愿之花"志愿服务主题活动暨 2017 年志愿服务活动启动大会	
2017 年 3 月 25 日	大兴区志愿者服务共和国部长义务植树活动	中直机关、中央国家机关、各部委、单位和北京市的 162 名部级领导干部，来到北京大兴新机场周边礼贤镇西郏河村南参加 2017 年共和国部长义务植树活动
2017 年 4 月 5 日	大兴生态文明教育公园开园仪式顺利举行	

时　间	事　项	备　注
2017 年 4 月 7 日	新区青年志愿者参与义务植树活动	4 月 7 日，国家工信部、国家铁路局共计 200 余人到礼贤镇开展义务植树活动。团区委组织来自新媒体产业基地志愿服务协会的 30 余名青年志愿者参与并保障此次植树活动
2017 年 4 月 16 日	大兴区青年志愿者助力新媒体第二届"樱花之约"双创系列活动	第二届"樱花之约"双创系列活动在大兴区新媒体基地樱花小镇拉开帷幕，根据活动的总体计划及要求，大兴团区委组织驻区高校的 100 名青年志愿者为活动提供志愿服务保障
2017 年 4 月 25 日	中国志愿服务联合会到我区参观考察	中国志愿服务联合会到我区参观考察"志愿之城"试点工作建设情况。当天，由中国志愿服务联合会副秘书长陈振民、段桂青带队，来自全国各省市的 50 余名志愿服务工作负责同志到大兴区进行"志愿之城"试点工作的实地参观考察，区委副书记王有国陪同
2017 年 4 月 27 日	团区委开展"花绘北京·悦跑大兴"半程马拉松健步活动志愿者培训工作	4 月 27 日，团区委、赛事组委会、高校三方联合在北京航空旅游专修学院会议室为 280 余名志愿者进行现场培训
2017 年 4 月 29 日	大兴区志愿者助阵"花绘北京·悦跑大兴"半程马拉松健步活动	第二届"鸿坤杯""花绘北京·悦跑大兴"半程马拉松健步活动在大兴区魏善庄镇举办，大兴团区委组织了来自高校的 280 名青年志愿者与其他志愿者一起为现场的 4000 余名选手和嘉宾提供了交通指引、秩序维护、医疗救助、中途补给等服务

时　间	事　项	备　注
2017 年 5 月 12 日	2017 年志愿服务品牌项目支持计划品牌项目说明会暨第一期经理人培训会顺利召开	此次活动在校长大厦专家公寓楼一层行知厅顺利召开。大兴团区委副书记张霄羽，团区委副书记陈宝旺，团区委挂职副书记石冬灿，区志愿服务指导中心，项目运营团队相关负责人，区志联副会长，常务理事单位、各镇街、委办局、社会组织、草根组织等推荐的180 余名优秀志愿者代表参加了此次说明会
2017 年 5 月 18—20 日	新区青年志愿者助力首届都市休闲论坛暨北京月季文化节	大兴区志愿服务联合会与魏善庄镇志愿服务协会组织 150 余名青年志愿者为参会来宾提供志愿服务保障
2017 年 5 月 23 日	公益爱心传递——兴业口腔医院爱心传递志愿者服务队成立	
2017 年 6 月 5 日	志愿者助力"六·五"世界环境日宣传活动	大兴区开展了"绿水青山就是金山银山"六·五世界环境日主题宣传活动，大兴区绿色企业联盟也在今天正式成立
2017 年 6 月 7—8 日	大兴区志愿者助力 2017 年高考	全区共有近 100 名志愿者参与服务高考志愿服务，为辖区考点的 8000 余名考生及家长提供了优质的志愿服务
2017 年 6 月 10 日	在榆垡镇香草庄园开展"走进美丽大兴　为全民健身加油"活动	大兴团区委、榆垡镇团委、首都师范大学科德学院团委、北京航空旅游专修学院团委共同招募青年志愿者 50 余人，为900 余名参与者提供了志愿服务保障工作

时　间	事　项	备　注
2017 年 6 月 30 日下午	2017 年大兴区志愿服务品牌项目支持计划负责人培训会暨第二期经理人培训会顺利召开	大兴区志联副会长兼秘书长、团区委书记邓靖力，区文明办副主任张静莲，区志联各副会长，常务理事单位的志愿服务工作负责人，各镇街道团（工）委书记，2017 年大兴区志愿服务品牌项目支持计划入围项目负责人和区内优秀的志愿者骨干约 170 余人参加了此次培训
2017 年 7 月 12 日	7 月 12 日，纪念大兴政协成立 60 周年大会在大兴影剧院举行	大兴团区委组织了来自新媒体基地团委、爱联盟志愿服务队、赛普健身志愿服务队推荐的 40 余名志愿者为此次活动提供志愿服务保障
2017 年 7 月下旬	2017 年大兴区志愿服务品牌项目专家督导工作顺利开展	大兴区志愿服务联合会专家顾问委员会专家、团区委志愿服务指导中心干部、镇街团（工）委书记代表、入选项目负责人约 70 余人参加了此次督导
2017 年 7 月 18 日	大兴区 22 个品牌志愿服务项目获得北京市小微志愿服务项目支持	
2017 年 7 月 18—19 日	大兴区品牌志愿服务项目支持计划考察团一行赴渝交流学习	北京志愿服务发展研究会副会长、中国农业大学教授、大兴区志愿服务联合会专家顾问委员会专家张晓红，大兴区文明办副主任徐晓英，团区委副书记张霄羽及 2017 志愿服务品牌项目支持计划项目负责人代表等一行 16 人赴重庆市交流学习志愿服务工作
2017 年 7 月 27 日上午	山西省运城市第一时间爱心公益志愿者联合会到大兴区交流学习志愿服务工作	

时　间	事　项	备　注
2017 年 7 月 29 日下午	大兴区在应急志愿者之家组织了应急救助专题培训	来自大兴区应急志愿服务指导中心、大兴区企业志愿服务协会、大兴区速量救援队、大兴区双闪救援队、大兴区水上运动协会、大兴区武术协会的 40 余名应急志愿者参与了本次培训
2017 年 8 月 9 日	区志联特聘专家张晓红教授到清源街道督导志愿服务品牌项目	
2017 年 8 月 11 日	区志联特聘专家宋志强到瀛海镇督导品牌志愿服务项目	
2017 年 8 月 16 日	门头沟区赴大兴区学习交流志愿服务工作	门头沟区赴大兴区学习交流志愿服务工作，门头沟区文明办副主任李雪莲、团区委副书记赵健、团区委社会部干部刘国立、区文明办干部许婧及优秀志愿服务骨干 40 余人参加此次活动
2017 年 8 月 18 日下午	大兴区召开志愿服务文化推广师团队座谈会	大兴区志愿服务联合会在区政府第四办公区四层会议室召开大兴区志愿服务文化推广师团队工作座谈会
2017 年 8 月 21—22 日	大兴区志愿服务经理人参加"志愿北京"信息平台培训班	大兴区志联组织 23 名志愿服务经理人参加了此次培训
2017 年 8 月 23 日	新区志愿者助力 2017 世界机器人大会	大兴区荣华街道志愿服务协会组织 100 余名志愿者为大会提供了志愿服务保障工作
2017 年 9 月 14—15 日	来自大兴的爱在草原盛开——爱·绽放第八季内蒙行	大兴团区委书记、区青联主席邓靖力带领大兴团区委干部、区青联委员一行 13 人深入内蒙古察右前旗，就京蒙共青团脱贫攻坚青春建功行动开展了为期两天的对口支援活动

时　间	事　项	备　注
2017 年 9 月 20—22 日	大兴区 24 个品牌项目负责人参加北京市小微志愿服务项目负责人培训班	
2017 年 9 月 28 日下午	2017 年大兴区志愿服务品牌项目支持计划负责人培训会暨第三期经理人培训会顺利召开	
2017 年 10 月 23 日下午	2017 年大兴区志愿服务品牌项目支持计划中期评审会顺利召开	10 月 23 日下午，2017 年大兴区志愿服务品牌项目中期评审会在校长大厦专家公寓楼顺利召开
2017 年 10 月 25 日	大兴区召开志愿服务进社区试点工作启动会暨社区驻点对接工作会	团市委副书记毛晓刚带队到大兴区高米店街道对接"走进青年、转变作风、改进工作"机关干部驻点推动志愿服务进社区试点工作
2017 年 11 月 1 日	大兴区优秀志愿者参与全国 119 消防日特别节目"中国骄傲"现场录制	中央电视台联合公安部宣传局、公安部消防局共同主办的全国 119 消防日特别节目"中国骄傲"在星光影视大乐园录制
2017 年 11 月 21 日下午	团市委副书记毛晓刚到大兴区参与"五大青年行动"试点社区志愿服务活动	团市委副书记毛晓刚一行到大兴区高米店街道茉莉社区参加主题志愿服务活动，并为社区团干部和志愿者骨干宣讲党的十九大精神。团市委基层组织建设部副部长范永胜，大兴团区委书记邓靖力，高米店街道工委委员、宣传部部长王志勇等共同参加

续表

时　间	事　项	备　注
2017 年 12 月 18 日上午	大兴区学雷锋志愿者服务一线 环卫工人	正值雷锋同志 77 周年诞辰纪念日之际,大兴区学雷锋志愿服务协会的 40 余名志愿者来到大兴区环境卫生服务中心,为一线环卫工人提供志愿服务。大兴区区委书记、开发区工委书记周立云到现场参与活动并慰问志愿者。大兴区环卫中心主任冯万鹏、团区委书记邓靖力陪同参加
2017 年 12 月 18 日下午	区志联召开 2017 年志愿服务 品牌项目支持计划工作专题会	
2018 年 1 月 13 日	青年志愿者参加第四届北京市 民快乐冰雪季——雪地嘉年华 暨大兴区第三届冰雪嘉年华启 动仪式	
2018 年 1 月 26 日	志愿者助力大兴区 2018 年文 化科技卫生"三下乡"活动	
2018 年 2 月 28 日	大兴区集中开展"志愿送温 暖,祥和过春节"主题活动	
2018 年 3 月 2 日	大兴区举办"爱满京城—— 大兴雷锋在行动"暨 2018 年 学雷锋主题日活动	由区委宣传部、区文明办、区志联、高米店街道办事处共同举办的"爱满京城——大兴雷锋在行动"暨 2018 年学雷锋主题日活动在大兴区绿地缤纷城地沉广场举行,团区委机关干部、区志联秘书处工作人员及区内优秀志愿服务组织参与此次活动
2018 年 3 月 4 日	大兴团区委组织优秀志愿者参 加北京市 2018 年学雷锋志愿 服务推动日活动	大兴团区委机关干部、区志联秘书处工作人员、高米店街道社区志愿者及区内优秀志愿者骨干等 30 余人参加本次活动

续表

时　间	事　项	备　注
2018 年 3 月 24 日	大兴区召开文明旅游志愿服务项目对接会	大兴区教育团工委联合魏善庄镇团委共同启动教育系统文明旅游志愿服务项目，通过此项目整合教育系统协作区资源，倡导游客文明旅游
2018 年 3 月 29 日	大兴区召开通过志愿服务走进社区推动"五大青年行动"专项调研工作会	北京市志愿服务指导中心规划推广部干部高硕、王开、黄军晖等一行到大兴区调研通过志愿服务走进社区推动"五大青年行动"相关工作，大兴区志愿服务指导中心干部、街道团工委书记、社区团支部书记、青年志愿者等 20 余人共同参加调研
2018 年 4 月 1 日	大兴区志愿者服务保障中央军委义务植树活动	在大兴区礼贤镇新机场绿化带举行，中央军委领导、军委机关各部门和驻京大单位领导等 300 余人参加了本次植树活动。大兴区组织来自礼贤镇志愿服务协会的 100 余名志愿者为本次活动提供志愿服务保障
2018 年 4 月 3 日	大兴区第五届中学生志愿服务论坛成功举办	团市委中少部部长佟立成、团区委书记邓靖力、区文明办副主任徐晓英、区教委副主任韩宝刚、家长义护校志愿服务队代表、各中学团委书记、优秀志愿者等 300 余人参加了当天的活动
2018 年 4 月 5 日	大兴区教育系统开展文明旅游志愿服务活动	大兴一中、魏善庄中学、青云店中学、长子营中学、堡上中学、安定中学、孙村中学、北师大附中南校区、首师大附中南校区、大兴六中十所中学作为教育系统文明旅游志愿试点单位

续表

时　　间	事　　项	备　　注
2018 年 4 月 15 日	青年志愿者助力第二届北京大兴徒步大会	大兴区梨花村开展"时代足迹，走进美丽大兴"第二届北京大兴徒步大会暨"走进美丽大兴，绿色环保我能行"环保宣传主题徒步大会。大兴团区委组织北京印刷学院和北京航空旅游专修学院两所高校的 100 多名青年志愿者为本次活动提供了志愿服务保障工作
2018 年 4 月 26 日	大兴区举办"志愿城市管理，弘扬青岗风采"——暨垃圾分类健步走活动	大兴区城市管理委员会、团区委、文明办、教委、旅游委、南海子郊野公园管理处等单位全区 22 个镇街道、新媒体产业基地、生物医药基地、京南物流基地等单位相关人员及来自大兴区学雷锋志愿服务协会、大兴区企业志愿服务协会、大兴区爱联盟志愿服务队的志愿者共计 260 余人参加活动
2018 年 4 月 28 日	大兴区开展通过志愿服务进社区推动"五大青年行动"总结表彰大会	团区委书记邓靖力、高米店街道工委书记马士义、高米店街道办事处主任郑庆禹与机关青年志愿者和社区党团员志愿者等 200 余人参与了此次活动
2018 年 5 月 9 日	大兴区召开应急志愿服务工作座谈会	团区委与区应急办针对全区应急志愿服务工作进行座谈。团区委副书记陈程、区应急办副主任杨鹏、新媒体基地团委书记翟国伟以及区志愿服务指导中心、区应急志愿服务中心工作人员参加了本次座谈会
2018 年 5 月 15 日	大兴区志愿者助力"应急之星 2018"北京市大兴区突发事件应对知识与技能竞赛	大兴团区委组织来自北京旅游专修学院、大兴区巨匠应急救援志愿服务中心等队伍的 30 名志愿者参与此次活动志愿服务保障

时 间	事 项	备 注
2018 年 5 月 17 日	北京大兴区青年志愿者协会年检	
2018 年 5 月 23 日	配合市政市容委包包舞志愿快闪拍摄	
2018 年 5 月 25 日	大兴区志愿服务品牌项目支持计划发布	
2018 年 5 月 26 日	大兴区志愿者助力"花绘北京·悦跑大兴"2018 第三届半程马拉松比赛	大兴团区委组织来自北京建筑大学、北京印刷学院、北京航空旅游专修学院、魏善庄镇志愿服务协会、爱联盟志愿服务队的 650 余名志愿者为本次比赛提供志愿服务保障，其中 4 名困境青少年也参与其中
2018 年 5 月 28 日	志愿者助力第三十届北京大兴西瓜节开幕式	5 月 28 日，第 30 届北京大兴西瓜节开幕式在大兴影剧院大剧场举行。大兴团区委组织来自北京旅游专修学院的 50 名志愿者为此次活动提供志愿服务保障
2018 年 6 月 8 日	2018 年"邻里守望 情暖大兴"志愿服务潘月兰同志事迹宣传主题活动存档	区委副书记龚宗元、团区委书记邓靖力、黄村镇党委书记何景涛，总工会常务副主席刘莹以及区文明办、区教委、区社会工委、区民政局、区综治办、区卫计委、区残联主管领导，各镇街、区直单位团组织负责人及驻区高校团组织负责人，优秀志愿服务组织负责人代表，黄村镇各村、社区志愿者代表等 400 余人参加了本次活动
2018 年 6 月 12 日	赴杭州市考察学习	
2018 年 6 月 23 日	大兴区志愿服务品牌项目支持计划初筛	

时　间	事　项	备　注
2018 年 6 月 26 日	大兴区志愿者助力 2018 北京市体育公益活动社区行暨大兴区时尚休闲体育节开幕式	大兴团区委组织高米店街道的 30 余名志愿者为本次活动提供志愿服务保障
2018 年 7 月 2 日	大兴区开展 2018 年北京市小微志愿服务项目支持计划申报工作	共计 103 个
2018 年 7 月 9 日	大兴区志愿服务品牌项目支持计划立项评审会	
2018 年 7 月 18 日	"志愿服务社会治理，应急救在你我身边"大兴区 2018 年应急志愿服务系列活动启动仪式顺利举办	区委常委、常务副区长、开发区工委委员贺锐，市志愿服务指导中心副主任李磊，大兴团区委书记邓靖力，新媒体基地党委书记、管委会主任宋强，大兴区应急办主任赵军，区委宣传部、区文明办、社会工委、水务局、民政局、综治办、城市管理委、教委、卫计委、公安分局、总工会、妇联、公安消防支队主管领导，区直机关单位、各镇街团组织负责人，各镇街应急志愿者骨干，新媒体基地、生物医药基地和社会组织应急志愿服务队代表，以及大兴区 2018 年"应急志愿者之星"获奖者等 300 余人参加了本次活动

续表

时　　间	事　项	备　注
2018 年 8 月 9 日	"首善花香·志愿大兴" 2018 年大兴区志愿服务发展论坛通知	大兴团区委、魏善庄镇党委、区志联共同主办，市志愿服务指导中心、市志联联合指导，魏善庄镇团委、魏善庄镇志愿服务协会承办。北京志愿服务发展研究会副会长、中国农业大学教授张晓红，中国人民大学法学院教授、博士研究生导师莫于川，区委常委、统战部部长、区直机关工委书记金卫东，北京市志愿服务指导中心副主任李磊，区委宣传部常务副部长潘郁峰，区文明办主任刘莹，团区委书记邓靖力，魏善庄镇党委书记谢景然及各镇街主管团委工作主管领导，区志联副会长、常务理事单位负责人，区直机关单位、各镇街团组织负责人，全区五星志愿者，全区志愿服务经理人，志愿服务项目负责人及社区志愿服务骨干等 350 余人出席此次活动。以专家授课、经验交流等形式，推动大兴区志愿服务工作专业化、科学化、规范化发展

时　间	事　项	备　注
2018 年 8 月 10—12 日	2018 年北京应急志愿者防汛演练在大兴举行	本次活动由北京市志愿服务指导中心、北京市志愿服务联合会、北京市应急志愿者服务总队主办，北京市大兴区志愿服务指导中心、大兴区巨匠应急救援志愿服务中心协办。来自北京市应急志愿者服务总队、房山民防救援团、延庆蓝天救援队、山鹰救援队、蓟州平安蓝天救援队、红星救援队、叶子救援队、蓝光 141 志愿救援队、浩天救援队，及大兴区巨匠应急救援志愿服务中心、大兴区应急志愿者之家、大兴区水上运动协会救援队、双闪救援队、赛普健身应急志愿服务队、巨匠机动队等队伍的 60 余名应急志愿者参与了本次演练活动
2018 年 8 月 24 日	大兴区志愿者助力 2018 年北京南海子麋鹿文化大会	8 月 24 日，2018 年北京南海子麋鹿文化大会在大兴宾馆二楼会议室成功举办。大兴团区委组织来自大兴区学雷锋志愿服务协会的 20 名优秀志愿者参加了本次活动

责任编辑:汪　逸
封面设计:石笑梦

图书在版编目(CIP)数据

志愿兴城:北京市大兴区"志愿之城"建设研究/张晓红,苏超莉 著. —北京:
　人民出版社,2019.6
ISBN 978－7－01－020455－0

Ⅰ.①志…　Ⅱ.①张…②苏…　Ⅲ.①志愿-社会服务-研究-大兴区
　Ⅳ.①D669.3

中国版本图书馆 CIP 数据核字(2019)第 034659 号

志愿兴城
ZHIYUAN XINGCHENG
——北京市大兴区"志愿之城"建设研究

张晓红　苏超莉　著

人 民 出 版 社 出版发行
(100706　北京市东城区隆福寺街 99 号)

北京汇林印务有限公司印刷　新华书店经销

2019 年 6 月第 1 版　2019 年 6 月北京第 1 次印刷
开本:710 毫米×1000 毫米 1/16　印张:16　插页:8
字数:169 千字

ISBN 978－7－01－020455－0　定价:59.00 元

邮购地址 100706　北京市东城区隆福寺街 99 号
人民东方图书销售中心　电话 (010)65250042　65289539

凡购买本社图书,如有印制质量问题,我社负责调换。
服务电话:(010)65250042